未来都市はムラに近似する

北山恒

彰国社

ブックデザイン　TAKAIYAMA inc.

はじめに

未来都市はムラに近似する

未来都市はムラに近似する

北山 恒

日本は２０１１年の東日本大震災の少し前に人口のピークを迎えたが、その後は急激な人口減少社会が始まっている。産業革命以降、近代化を迎えた社会はいずれも急激な人口の増加を経験し、経済活動の中心となる都市への人口流入が増大し、都市は拡張拡大した。西ヨーロッパ諸国がこの人口増を最初に経験し、その後、発展途上国と呼ばれる諸国が産業社会に移行し経済的離陸（テイクオフ）をすることで、20世紀の世界は爆発的な人口増の世紀として迎えることとなった。

日本は西欧社会以外では最も早く産業社会に移行し、経済的離陸を行っている。第２次世界大戦後は、さらに効率のよい産業社会を構築し、１９６８年にはＧＮＰ（国民総生産）がアメリカに次ぐ第２位となり、80年代には、高度な工業技術を保有する世界でも最も洗練された都市社会を構築したと思われる。しかし、この経済活動を支える高度な都市社会のなかでは、人々の紐帯は切り刻まれ、ある種の社会崩壊が起きていることが指摘されている。都市化の進行は晩婚・離婚・独身者の増加を生み、少子化によって人口は減少するのだそうである。西ヨーロッパ、北米も少子化は進行しているが、流入人口によって急激な人口減とはなっていない。

「ジャパン・シンドローム」という言葉があるが、日本は産業化社会の行きつく先の未来を先験的に経験していると思われる。世界で最も早く少子高齢化が進行しており、驚くほどのスピードで人口減少社会を迎えている。この社会はどこに着陸（ランディング）するのか。未知の未来社会ははたして希望があるのか。日本の現在は世界の近未来である。コロナ禍という社会の「裂け目」から、その未来が見えている。

日常生活批判

2020年、コロナ禍によって人間活動のレベルが急減したことで、インドではデリーからヒマラヤ山脈が見え、ヴェネチアでは運河の水がきれいになっているという。全世界で二酸化炭素の排出量が17%削減されたそうである。環境活動家グレタ・トゥンベリが望む世界は意外と簡単に実現できることがわかった。また、テレワークの経験は私たちの働き方が変わることを示している。さらに、人と人の接触が避けられるので、その集合形式を与えてきた建築空間や都市空間に変更が求められる。そして、市場原理主義にとって重要なインフラであるグローバルで自由な交通がパンデミックの素因となり制限される。人々の行き来を止めること、それは、ボーダーを封鎖してローカルな社会になることを促しているようだ。

「ソーシャル・ディスタンス」という言葉がしきりに使われるようになったが、これはもともと建築系の学生に初学年に教えるエドワード・T・ホール（1914〜2009、アメリカ、文化人類学者）のプロクセミックス（近接学）で使う言葉である。ヒトは縄張り空間を持ち、見知らぬ人と近しい人では対面する距離感が異なる。空間と人間の関係こそが建築学の基本なのだが、この概念が一般知識になったので教えやすくなった。

「新しい日常生活」という概念も、これは建築系の大学院生に教えるアンリ・ルフェーヴル（1901〜1991、フランス、社会学者・哲学者）が言う「日常生活批判」につながるので、教育の場面で導入に使える言葉となった。私たちがあたりまえのように過ごしている日常生活、それは毎朝決められた時間に決められた働く場所に行き、決められた時間働き、家族という単位で生活する住宅に戻って寝る。そして翌朝再び、決められた時間に決められた働く場所に行くという反復運動の日常生活である。地域社会や都市を考察するとき、このような日常生活のリズムを批判的に観察できる視点を持つことが必要なのだ。この日常生活に疑問を持つことで、社会空間は意外と簡単に変容するかもしれない。そんな気づきの契機をコロナ禍はもたらしたのだ。

シカゴモデル

このあたりまえのように毎日出勤するという、反復運動の日常生活があたりまえになったのはそれほど昔のことではない。そして、このような日常生活をするように命じているのは、私たちがこれもあたりまえのように生活している、この都市社会なのだ。

都市の中心部に業務中心地区があり、それを囲むように環状の鉄道を設け、そこから放射状に通勤電車を走らせ沿線開発を行うという「現代都市モデル」は、19世紀末のシカゴで発明された。エレベータ付きのオフィスビルという不動産商品はシカゴで初めてつくられ、それを建築史では「シカゴ派」と呼ぶ。フランク・ロイド・ライト（1867〜1959、アメリカ、建築家）の住宅群がオークパークというシカゴ郊外の分譲住宅地にあるが、それらは当時の新興富裕層であるオフィスワーカー、専業主婦のいる独立家族の新しい「日常生活」を支える住宅形式（タイポロジー）の発明だった。

シカゴから始まる「現代都市モデル」は日常生活を支える都市構造として100余年、世界を席巻してきた。資本主義社会を運営していくにはこの都市構造が最適解となるようである。そのため、100年ほどで世界の都市はどこでも同じ「ジェネリック」な都市風景になっている。1945年に終戦を迎えた日本は、太平洋戦争時にアメリカ軍によって都市をきれいに焼き払われたために、いち早くこの都市構造に変容した。そのおかげで、1950年代半ばから始まる高度経済成長を支えることができた。

21世紀に入り、東京都心では突然巨大なスケールの開発事業が出現しているが、渋谷再開発は、放射状に通勤電車を走らせ沿線一帯を開発し、「現代都市モデル」を支えた電鉄会社が事業主体となる巨大再開発である。人口拡大期に郊外開発を行い、人々の往復運動という日常生活を支えるインフラをつくった電鉄会社だが、人口減少社会のなかでは主たる収入源である運賃収入は先細りになる。そこで、人が集まるターミナル駅という圧倒的な商業立地を利用してマーケットを再構築し、運賃に代わる収益を吸い上げようという事業モデルが開発されているのだ。しかし同時に駅周辺の小資本の商店やオフィスビルは逆方向の影響を受けることになる。かつての渋谷は複数の大資本と小資本が対等に競い合えるフィールドのような場であったのだが、現在の渋谷は階層化され、のっぺりしたどこにでもある街になってしまった。それが「渋谷問題」のひとつなのだ。

現代都市の大転換

カール・ポランニー（1886〜1964、ウィーン出身、経済学者）の『大転換』ではないが、私たちが日常生活をおくるこの「現代都市モデル」は、近代以降、産業社会のなかで経済的最適解を求める制度設計によって誘導されているものでしかない。都市に人口が集積し、都市中心部に高層のオフィスが立ち並び、郊外にただ寝るためだけの専用住宅がぎっしり建て詰まり、一方で地方都市が疲弊し、シャッター商店街となるのも、格差がさらに拡大し出生率が下がるのも、すべてこの制度設計が非常にうまく機能した「国の政策の〝成功〟の帰結」によって生み出されている。

21世紀初頭、金融資本主義の暴走による問題が顕在化し、資本主義の終焉が現実味を持って語られるなか、日本では人口がピークを打ち急激な人口減少社会を迎えている。明治維新による近代化以降150年余、拡張拡大を求めてきた社会は新しい制度設計が必要である。しかし、国は都市再生特別措置法（2002）、国家戦略特区（2013）など、さらに都市の経済活動を活性させる施策を設け、渋谷再開発などの都市内の巨大再開発や100メートルを超える高層タワーマンションを建設する法的根拠を与えている。本来は対称の位置にあるべき政治と経済によるコーポラティズム（政治と経済の癒着）は、都市を短期的利益を最大化させるための使い勝手のよい市場に変えてしまった。そのためにこの20年ほどで都市風景は大きく変容した。事態は大きく急カーブしているのにもかかわらずそれをドライブする社会制度が対応していないので、多くの人々は社会という乗り物から振り落とされそうになっている。現代は拡張拡大ではなく縮減する社会に向けた制度設計が要求されているのだ。その実相が、コロナ禍によって明らかになったようである。

「新しい日常生活」という新しい社会制度が目の前に開かれている。面白いことにこれは国家や政治がつくるのではなく、日常生活を営む普通の人々のなかから立ち現れるのではないか。

新しいあたりまえの発見

では、コロナ禍を受けて、自発的に始まる「新しい日常生活」があるとすれば、それはどのようなものであろうか。

まずは働くということ、通勤電車に乗って毎日決まった時間に決まった場所に働きに行くという抑圧から解放されたい。窓の開けられない高層のオフィスビルで、しかも大きいワンフロアで共時的に働くなんてことはできるだけ避けたい。だから最初に消えるのはカーテンウォールでラッピングされた高層オフィスビルではないだろうか。今回テレワークを経験した人の多くは、どんなに働く場所のアメニティを飾りたててもそこが労働の収容所であり、寝るためだけの寝室にLDKが付いた商品化住宅も都市労働者の生活収容所でしかないことに気づいてしまった。さらに通勤電車というインフラで構成された都市は、このような「日常生活」を人々に強制する巨大な空間装置のように見えてくる。

「新しい日常生活」はこんな制限から解放された「活動的生」を求めているのではないか。集積ではなく離散という概念を持つ「新しい日常生活」では、社会空間に大きな変更が求められている。都市は集積することを止め、急速にローカルなネットワークに変容するのかもしれない。そのときは経済活動の結果として生まれる都市風景は終焉し、その代わり、地域固有の生活を支える空間が出現する。社会は経済活動を支える〝都市〟ではなく、生活を支える〝ムラ〟を求めている。

「空間」は人々の行動を規制する力を持つために、社会制度を実体化する装置ということができる。しかしその社会制度が変わるならば、空間を扱う建築家の役割も変わらざるを得ない。拡張拡大の社会に適応してきた建築家や都市計画家たちの仕事は、人々の行動を空間によって規制し、同時に空間を商品化することであったが、これから求められる役割は生活を支える地域社会そのものを指し示す空間を生み出すことになる。それは権力側ではなく、生活から生み出される制度を空間化するという創造行為である。建築設計の職能が大きく変更している。単体のオブジェクトをデザインする商品設計の巧拙ではなく、人々の生活の場や地域社会そのものをデザインすることにその主題は移行する。新しい日常生活に対応する都市モデルは確実に登場し、その都市を構成するまったく新しい建築がプロト・タイポロジーとして発見されるだろう。

外部のオープンスペース

3密を避ける行動様式を命じられるコロナ禍によって、外部空間の心地よさが再認識されている。温暖な温帯モンスーン気候帯にある日本は、本来は優れた外部空間の作法を持っていた。何よりも、外部のオープンスペースは人々の関係をつくる舞台なのだ。

離散集合体となるムラは外部のオープンスペースが豊かでなくてはならない。鍵がなく誰もがアクセスできて、その空間に所有が明示されないことが重要だ。生活の場はオープンスペースにすぐにアクセスできる低層で、しかも働く場と生活の場が混在する小空間が集合するクラスターのようなまとまりを持つ。地域に点在する空き家・空き地は、生活サポートやコミュニティのための場所、菜園、ミニ公園、防災拠点として新しい都市構造をつくる有用な資源となる。

労働ではない活動的生として人々の働き方は多様になり、生活の場からも生業が生まれる。身近にあるオープンスペースは人と自然を接続し、共同のアクティビティ＝祭りを伴う新しい生活のリズムが創造されるはずだ。働くという概念が変わることで、その対称の関係であった生活空間は、多様な活動を包摂する豊かな空間が用意されるだろう。離散形式に適応したネットワーク型の住宅とは、周囲に外部空間を豊かに持ち、近隣が自由にアクセスできる共同の集合形式である。メンバーシップで利用できる「みんなの家」または「みんなの広場」のようなコモンズが近隣にあたりまえに存在し、働くことと生活することの両方を支える。そんな「新しい日常生活」の空間形式が実体化され、人々の承認を得られれば、いとも簡単に現代都市のモデルは大転換するのではないか。

とはいっても、社会の変換には十分な時間が必要であるが、一人の人間の生命スパンを超える時間、100年ほどの時間を経て、それは確実に登場するだろう。働く場所と生活の場所を切り分け、男と女にそれぞれの役割を与えた現代都市モデルという都市の空間構造によって、ジェンダーの問題が生まれた。新しい都市空間はどのような問題が内在するのか。または、どのような問題を解決するのか。

本書は、2016年に横浜国立大学大学院Y-GSA教授を退任して法政大学に着任したあと、2020年までの4年間に書籍や雑誌などに寄稿した論考を集めたものである。そのなかで「近代から解放されて」は、2016年3月20日に行った横浜国立大学での最終講義の講義録をもとに新たに書き下ろした文章である。ほかは4年の間に発表した論考10編から5編を収録した。これらは発表時の原稿を再考し文章に手を入れたものだが、短い期間に書いているため同じ内容が繰り返されるというトートロジーとなる論考がいくつかある。しかし、それはひとつの概念をさまざまな角度から描くことで立体化される作業となっていると考えそのままとした。さらに、私の教え子でもあり法政大学の最終学年のスタジオ教育を一緒に担当していただいている建築家の髙橋一平、中川エリカ両氏との対談を加えた。対談の場所を2016年から施工を始めていた「HYPERMIX」と、2020年度に竣工した「中央ラインハウス小金井」とした。どちらも人々が共同で生活する空間装置である。

根津神社の表参道。藍染大通りは、毎週日曜日は歩行者天国として子どもたちの遊び場に開放されている

新しく迎える社会は短期的利益の最大化を求めない。長期的な人々の生活の豊かさを求め、人々の紐帯を再生し、ともに生きていることを実感できる社会であってほしい。そして、自然を切り離してきた都市というハードウエアを、再び自然と共生させることができるのか。コロナ禍によってテレワークが進行し、自宅や近隣で過ごす生活時間が大きく増えている。それは、産業化される近代以前、自然とともに生き、近隣の人々同士が気軽に挨拶を交わす、顔見知りの関係であるコミュニティスケールにおける生活のようである。いま、コロナ禍の裂け目から、そんなムラに近似する空間が蜃気楼のように見えてきた。

目次

DIALOGUE

I

近代から解放されて

近代から解放されて

「近代から解放されて」というタイトルの本稿は、2016年の横浜国立大学での最終講義の内容を再編したものである。「近代」とは産業化された以降の時代であるとすれば、日本では明治維新後を指すことになるのだが、ヨーロッパ世界では、産業革命以降の時代を「近代＝モダン」というわけではない。それはルネッサンス期の近代的自我の誕生以降とする場合や、大航海時代、宗教改革、ガリレオ、ニュートン、コペルニクスなどの宇宙を含む自然科学の展開という出来事から始める場合、またはヴァルター・ベンヤミン（1892～1940、ドイツ、思想家）が描く文学的な立場から19世紀半ばを文化的近代の始まりとする見方もある。近代は現代につながる時代感覚なのだ。面白いことにユルゲン・ハーバーマス（1929～、ドイツ、社会哲学者）の『近代―未完のプロジェクト』には「モデルン（現代的）」という言葉が最初に用いられたのは5世紀後半であり、それはヨーロッパ世界でキリスト教という宗教が公式に支配を始めたときのことで、それ以前の異教の支配した時代と区別するために使われたとある。こう見ていくと、「近代」とは時代区分であるというよりは、ヨーロッパ文明に拘束された私たちの世界を指し示しているといえる。

日本では明治維新を契機に、政治・経済さらには音楽や絵画という芸術領域、西欧建築による公共建築、それを配置する都市のあり方、行政システムまで含めて、いわば社会システムのすべて、さらには文化までを、江戸という時代を切断してヨーロッパ文明のそれにドラスティックに変換した。「空間」という言葉も「都市」という言葉もこのときに発明している。産業化され資本活動を中心とする社会を私たちは「近代」というのだ。その「近代」という総体を相対化したときに未来の姿が見えてくると考えている。

身体と空間

横浜国立大学には1987年に常勤講師として着任し、河合正一先生がつくられた「建築意匠論」という講義を引き継ぐことになった。この「建築意匠論」という講義は、戦後に新制大学となった横浜国立大学建築学科の建築教育の中核となる重要な講義であった。当初は、その「建築意匠論」を参照しながら、モホイ・ナジ(1895~1946、ハンガリー出身、美術家・写真家)のバウハウスの教科書『ザ・ニュー・ヴィジョン』を参考にして講義内容をつくってみたのだが、それはデザイン初学者のための造形演習のような講義となった。その当時、ウィリアム・フォーサイスやピナ・バウシュなどのコンテンポラリー・ダンスに興味があって、舞台という空間の中での「個体の近接」「集団の動き」というような身体と空間の関係から入るほうが初学者には理解しやすいと思っていた。そこで、「身体と空間」というタームは現代思想にもつながるので、「建築意匠論」という講義タイトルを「身体と空間のデザイン」というタイトルに変えることにした。建築の意匠(デザイン)とはこの「身体」と「空間」を取りつぐものとして存在していると考え、それを直接的に理解できるタイトルとした。

エドワード・T・ホールのプロクセミックスという有名なコンセプトがある(図1)。それはヒトの周りを泡がくるんでいるイメージなのだが、ヒトは動物と同じように縄張りという空間感覚を

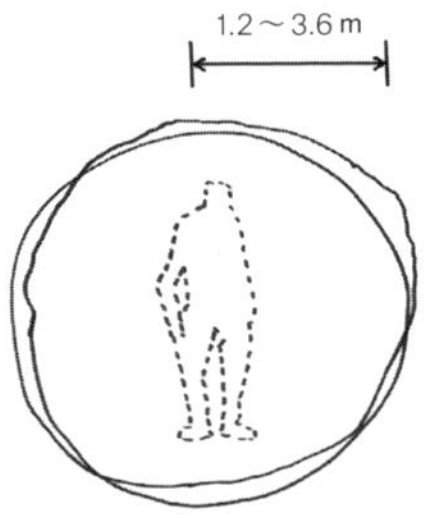

図1　泡の中の個性

図2　近代的自我

図3　ゲシュタルトとしての自己以外

持っていることを示している。ヒトはこの縄張りのような空間の泡の中にいるのだ。この泡の大きさは文化コンテクストや状況によって異なるのだが、ほぼ直径3メートルくらいの泡のような空間を持っているとされている。この「身体と空間のデザイン」の授業では、ホールやジェームズ・ギブソン（1904～1979、アメリカ、心理学者）のアフォーダンスなどの人間行動学、知覚心理学を紹介しながら人間と環境の関係を教えていた。ヒトはこの泡の中にいると無意識に環境と同化しているが、破られると緊張した状態になり自己という感覚が生まれる。この身体が晒された裸の意識を持つことで、環境を観察するという感覚がつかめる。ゲシュタルト心理学によれば、人間が自分の身体以外の環境を意識することによって自意識を獲得することができる（図2・3）。外部環境と未分化な身体を、空間から切り離して自立した身体にする意識である。近代が求める建築家はそんな意識の外形を獲得した人たちなのではないかと考えている。

ヒトは無意識でいると環境に溶け出してしまう。もちろん個体差はあるが、この授業を受ける前の学生は環境に対する観察力を持っていない。日本の文部科学省の教育課程では空間認識の学習は行われていないので、このような能力を考査されることはない。しかし、幼稚園などで集団教育を受ける以前、本能的に環境を認識していた幼児のころは、動物のように身体感覚を使って生きる世界を認識する。例えば、小さな空間に潜り込んでいることで安心を得たり、初めての空間の広がりや閉塞を経験するときの新鮮な驚きや感動、さらには、夜の行路で人ならぬものの気配を感じたり、草むらの蛍に鮮烈な明るさを覚えたり、雨や土の匂いを感じたりするようなことだ。こうした感覚は誰でも記憶にあるのだが、そんな鋭敏な身体的な空間感覚を必要とされない時間を長く過ごしてきたために、20歳近い学生たちの感覚は鈍ってしまっている。しかし、この身体の周りにある泡の感覚や空間の縄張りを意識できるだけで、周囲の空間を評価し環境を理解できるようになる。それが、建築家への第一歩となると考えた。

このシリーズレクチャーの最初の課題は「原風景への旅」というタイトルで、記憶の最下層まで戻ってそれを記述するものである。これは自分自身の感受性を客体化するトレーニングとなる。音楽家は集団行動を行う前から音感教育をしないとプロの音楽家にはなれないといわれるが、それは音感を言語と同じ発達スピードで獲得することが必要だからだ。建築家には空間感覚が重要なのだが、教える相手がすでに18、19歳の大学生なので、記憶のなかで過去にさかのぼって空間感覚のトレーニングをすることにした。

写真を使うと記憶が外在化されるので、手描きの絵か文章で表現させることにした。幼少に戻るので視点が低くなり、対象物が自然（草木や水、日差しなど）になる作品が多く、日本人の環境認識の原風景を知ることができる。この課題を通して、自分の空間の嗜好がどこから来ているのかを探り、そのルーツとなる原風景を理解し、さらにそれを客体化することを求めている。

次に行うのは「記憶の家」というタイトルの課題である。それは集団生活を始める前、生まれ育った家の間取り図を描いて、それを客観的に評価するものである。1980年代に課題を出し始めたころは伝統的な家で生まれ育った人もいて、仏間や広縁などを話題にしたが、時代が下ると、ほとんどの学生の間取りが2DKになった。学生の幼少期の家はすなわち結婚間もない両親の住まいということになるので、30年ほどで日本の住宅が大家族ではなく、ほとんどが都市型の核家族の家になったことがわかる。

記憶の空間を探る二つの課題のあとは「スケールゲーム」「テクスチャー」というタイトルで、街の中で発見できる身体寸法や環境を構成するマテリアルについて観察する課題とした。芦原義信の『外部空間の設計』や真壁智治の『アーバン・フロッタージュ』などの書籍を紹介しながら、私たちを取り巻く物質環境を理解させるものである。人は都市環境を細やかに観察はしていない、通常はぼんやりとしたイメージとしてしか環境を認識していない、それを気づかせるのだ。例えば、環境を構成する〝木〟という建築素材は、スギ、ヒノキ、タモ、ナラ、マツ、クリなどがあるが、色や香り、木目、堅さといった性格はさまざまに異なる。さらに、日本社会では寺社など公的な建築にヒノキが、民家ではスギが多く使われていたので、ヒノキは公的とか権威とかの表象が与えられ、一方、スギには日常とか庶民的とかの表象がある。素材や物質には人間社会が表象を与えてきた。その意味で石や金属、あらゆる物質は言語性を持っている。

このような身体と空間の関係を観察し認識するシリーズのまとめとなるのが「お気に入りの場所」とタイトルをつけた課題である。身体のすべての感覚器官、そして感受性を使って、なんでもない日常生活やありふれた街の中にお気に入りの場所を発見し、その理由を説明するという課題である。高校まで他者との空間への感受性の違いなどを思考することがなかった学生は、みずみずしく自身の感受性を認識しそれを表現し始める。課題の回答をプレゼンテーションさせるのだが、その言葉を聞いているとそれ以前の、型にはめられて顔のなかった状態から、自我を獲得した「私」という顔を持つ人間になることがわかる。

さらに続いて、「壁」「立体」など、身体と空間の関係性を用いて空間を創造するという課題を出した。そしてシリーズの最後に「9スクエアグリッド」という、コーリン・ロウ（1920～1999、イギリス、建築理論家）とジョン・ヘイダック（1929～2000、アメリカ、建築家）が1950年代にテキサス大学でつくった「テキサスメソッド」といわれる伝説的な課題を出した。一辺3メートルの立方体が九つ集まったグリッドを定規にして、初源的な建築的空間を発生させるというものである。

この「身体と空間のデザイン」では毎週、小課題を提出し、前の週に出した課題の回答の中から十数点を選んで、当日の講義内容を構成するという授業の展開をしていた。学生の回答によって授業の内容は変わる。このようにして身体と空間に関するシリーズのレクチャーをつくっていった。

マルティン・ハイデッガー（1889～1976、ドイツ、哲学者）は、人間と空間の関係は「住まうこと」であると定義するが、この場合人間を「死すべき者」とするところが重要である。無意識の人間は環境と同一している。ハイデッガーにとっては自己を解体して家という空間と同一する感覚が発見的であったのではないか。その家は人間の生命スパンを超えて存在するのだ。その建築や都市が人間を規定しているという感覚は、西欧世界ではいわば自然なのだと思う（図4）。例えば、ハンナ・アーレント（1906～1975、ドイツ出身、政治哲学者）は、さらに人間の生命スパ

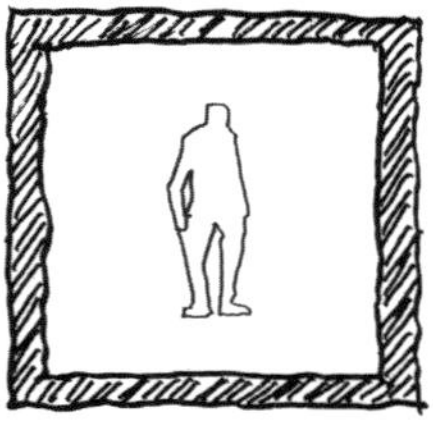

図4　人間は囲まれた空間に規定される

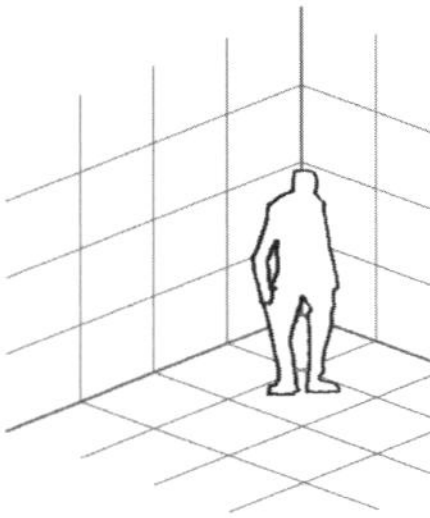

図5　個体の泡を持たない絶対空間

ンを超える人工的につくられた世界（おそらくは古代ギリシアの都市のようなもの）が人間の活動様式を規定するとしている。それは、私的領域や公的領域という空間を識別する認識であり、そして、都市空間という実体そのものが人の行為を拘束することで、社会システムや政治を標示しているということだ。現代の知性では、人間存在は人工環境との関係によって定義されている。

このようなハイデッガーやアーレントと非対称の空間概念がある。それは、場所との関係を持たない、抽象的な絶対空間というルネ・デカルト（１５９６～１６５０、フランス、哲学者）の空間である（図5）。このように、西欧の思想は空間認識と密接な関係を持っている。この身体と空間のデザインという課題を30年近くやってきたのだが、日本の学生は人工的環境よりは自然環境に包まれているという感覚のほうが強いようである。これは西欧の都市構造と日本の都市構造の違いによるのではないかと思っている。

コミュニティ・スケール

2001年に大学院で研究室を持つようになって、研究テーマを「社会環境単位」とした。それは、コミュニティ・スケールにかかわる研究テーマなのだが、コミュニティ・ユニットという人間の集合単位に関する仮説を立てた研究でもある。建築の世界では誰もこんなことを言っていないので、私の独自の研究テーマだと思っていたが、その後、人類学の領域で同じような人間の集合単位にかかわる研究があることを知った。このコミュニティ・スケールに興味を持ったきっかけは、1995年、白石第二小学校（芦原太郎とJV）の計画をしていたときに、学校空間を計画する手がかりとして、クラスルームを超える120人から150人くらいの生徒で構成するハウスという概念があることを、教育学者である佐藤学から教わったことである。学校建築の設計というのは一般にクラスルームの配列の問題に終始する。しかも、そのクラスルームというのは8メートル×8メートルくらいとされるのだが、もともとは明治時代に文部省で決めていた教室の大きさ4間×5間がもとになっているだけで、それが適切な大きさである根拠はない。

さらに、そのクラスルームを構成する人数は、人口統計で出てくる全国の児童数と教員数の関係で機械的に決まっているものなので、この日本で施行されているクラスの人数は教育の適正規模から決まっているものではないことがわかる。学校建築の計画がクラスルームの配置を問題とするのに、その大きさも、そこに収容される生徒の人数も根拠はないということだ。ところで、フランスの小学校初年度では1クラスが20人で、そのひとつのクラスを二人の先生が担当するそうである。

日本の学校のようにクラスの中に一人の先生という絶対権力をつくるのではなく、チームティーチングが目指されていると聞いた。一人の先生が10人くらいをコントロールするという規模だが、この人数がコミュニティ・スケールとしては人間の最小集団として適切な規模で、それを超える次のレベルは前述のハウスという概念になるそうである。そのスケールで空間を構成すると集団が安定するという教育学からの提案であった。

この提案を受けて、白石第二小学校ではクラスルームのユニットを四つ集合させて150人くらいの空間形式を検討した（図6・7）。それを学校建築ではハウスという概念で示すのだ。現行の日本で行われている40人ほどのクラスルームという単位ではその集団から排除されたとき、ほかの選択肢がなくなるためにいじめという問題が生まれる。しかし、120人から150人くらいの集団に帰属していると、複数の人間関係を選択できるために、阻害され孤立することがなくなるということであった。

このコミュニティ・スケールの数に関しては、人類学での研究がある。それは人間の脳の構造から決められるそうであるが、人間という複雑なコンテンツを持った情報の塊をそれぞれ個別にどのくらい認識できるかというものである。まず、ヒトは10人くらいの集団が最も戦闘能力が高い（図8）。イギリスの軍隊の最小単位である小隊は10人で構成され、補充されて15人を超えると二つの小隊に分けるそうである。これはトム・ヘネガンから聞いたのだが、AAスクールのスタジオは10人で構成されていて15人を超えると二つのスタジオに分けるそうだ。それで、建築家教育を行う横浜国立大学大学院Y-GSAでも10人でスタジオを構成することにした。サッカーはフィールダーが10人で、ラグビーは15人だがラグビーはフォワードとバックスに分かれている。サッカーもラグビーもフィールドの大きさは50メートル×100メートルくらいだが、この大きさは、人間が身体

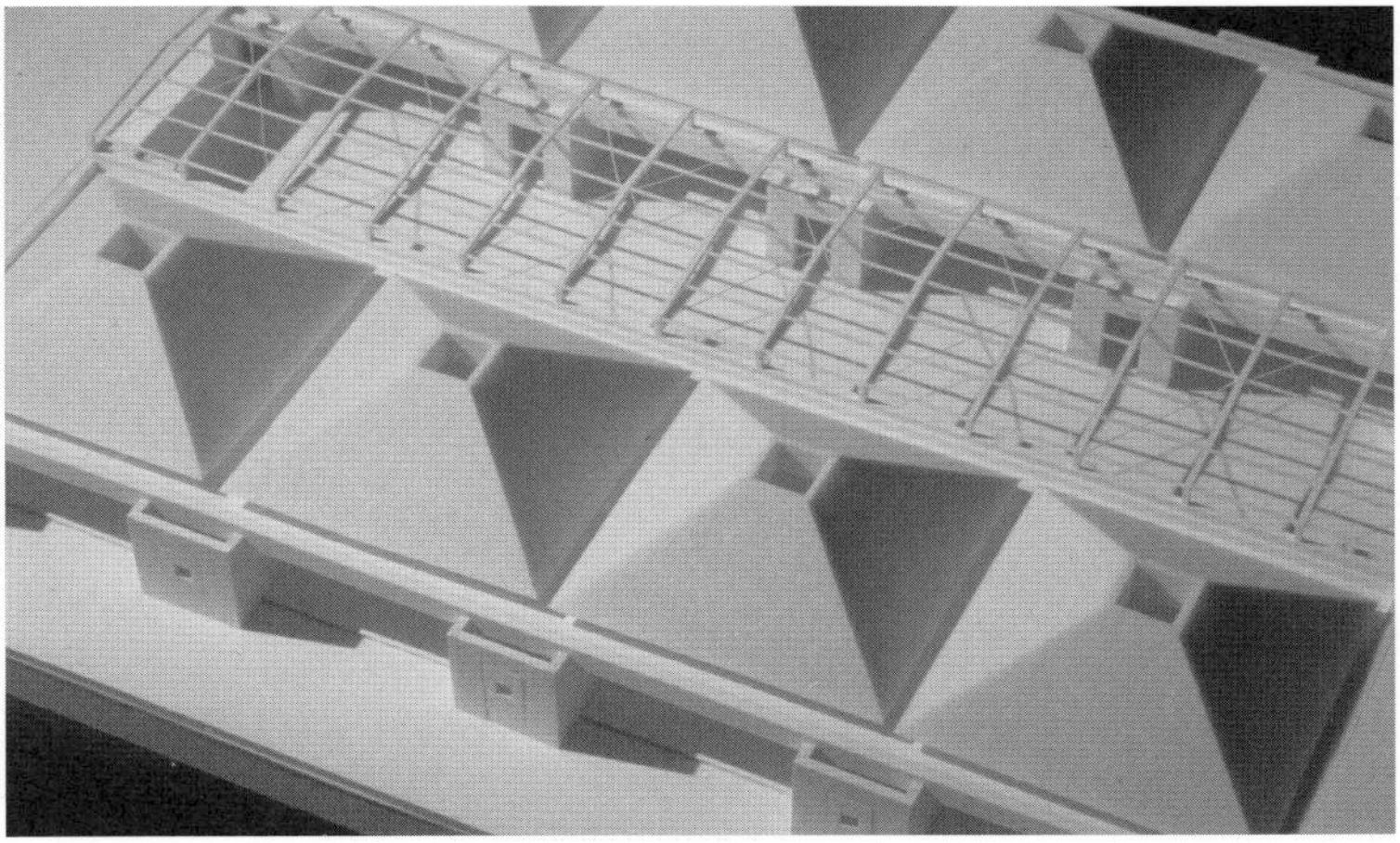

図6　120～150人で構成されるハウス

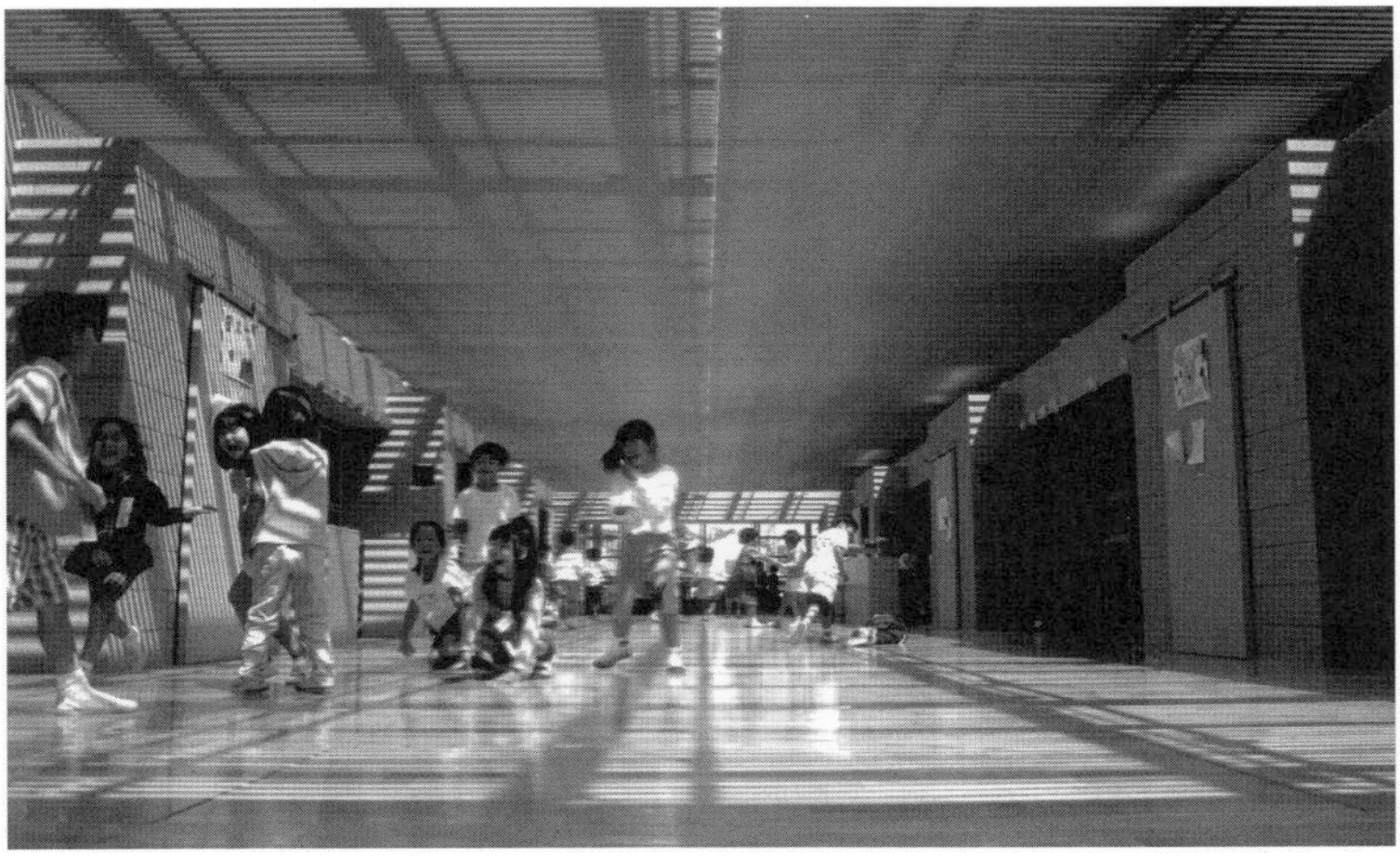

図7　学びの共同体

図8　コミュニティ・ユニット（10人）

図9　コミュニティ・ユニット（個体認識限界）

言語でコミュニケーションをとるのに適当なスケールで決められている。ゴール前のフォワードの動きを反対側のゴールキーパーの位置から認識することができる距離なのだ。ここでも身体と空間のデザインが行われている。

日常的に挨拶をする関係が共同体を構成するといわれるが、この挨拶をするという行為はコミュニティ・ユニットの中での個体認識の作法である。ヒトは１５０人くらいの人数が個体認識の限界だといわれ、それは研究者の名前をとってダンバー数といわれる（図9）。アメリカの大統領であっても、小国の独裁者でも本当に掌握している個体数は１５０人くらいだと思われる。ちなみに、企業は１５０人までの従業員で、プロジェクトチームが10人くらいの単位で構成されるのがよいのかもしれない。

興味深いダイアグラムがある。ひとつはクロード・レヴィ＝ストロース（１９０８〜２００９、フランス、社会人類学者）の『悲しき熱帯』に掲載されていた、アマゾン上流の

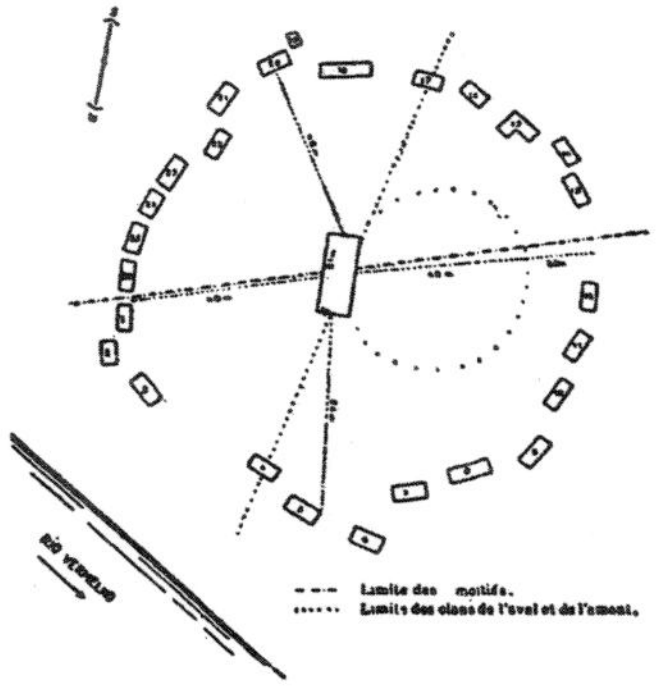

図10　環状集落（ケジャラ村の平面）（出典：Claude Lévi-Strauss, *Tristes tropiques* ©Plon, 1955）

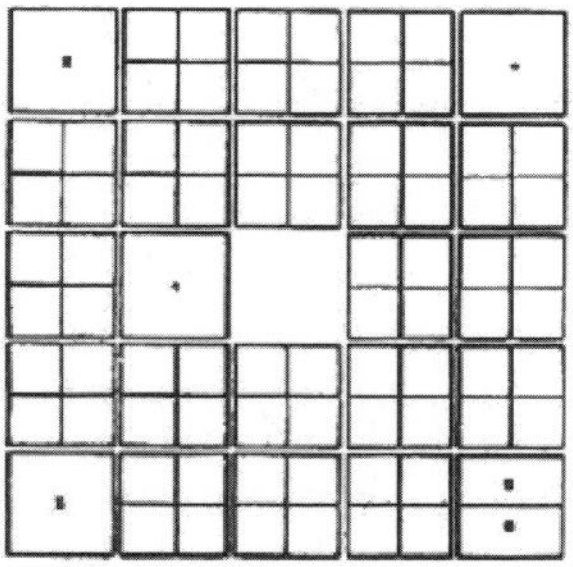

図11　植民都市の1573年版基準平面（出典：Alcides Parejas Moreno, and Virgilio Suárez Salas, *Chiquitos: historia de una utopía,* Universidad Privada de Santa Cruz de la Sierra, 1992）

先住民の集落の平面ダイアグラムである。それと、同じ地域で16世紀末につくられたイエズス会がつくった植民都市のダイアグラムがある。原始集落は円環状につくられることが一般的で、アマゾンの集落では何重かの円環を形成するそうである。環状集落（図10）はレヴィ＝ストロースのフィールドノートから転写されているので、寸法の記載が読み取れる。その直径は100メートルほど、そしてアマゾンの奥地につくられた植民都市のダイアグラム（図11）であるが、中央広場の一辺が100メートルほどであるので、実際のスケールに合わせると植民都市の1ブロックと環状集落は重なり合うサイズになる。

アマゾン奥地のボロロ族の環状集落では、その中心に引かれる見えない東西の線によって北と南の二つの半族に分けられ、複雑な社会生活のルールが設けられており、さらに集落の平面図や家屋の位置によって社会が構造化されているそうである。『悲しき熱帯』ではこの記述が

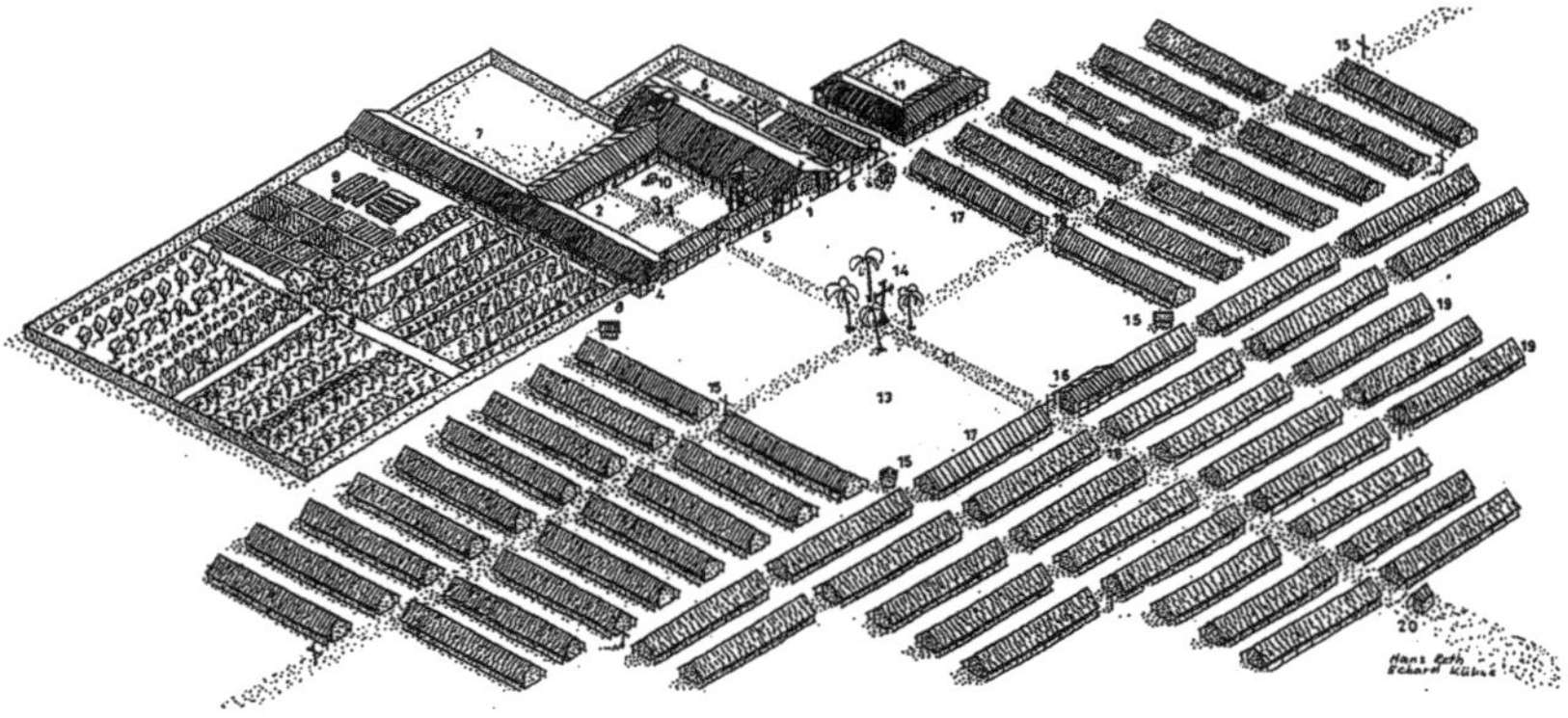

図12　植民都市、全体図（E. Kuhne and Hans Roth／出典：Sofia Saavedra Bruno, *Urbanismo y Arquitectura en Chiquitos*, Santillana de Ediciones, 2000）

数十ページにわたって続く。その記述を読むと円環で囲まれる空間は集落の共有地で、その大きさはサッカーグラウンドとほぼ同じ大きさになる。『悲しき熱帯』では、例外もあるようだが、ほとんどの環状集落は１５０人以下の集団と報告されている。この規模は焼畑などの作物との関係もあると思われるが、ダンバー数から推測すると、おそらくはこのくらいの集合が安定しているからなのだと思う。ただし、これは私の推測であり、レヴィ＝ストロースはこのようなことは書いていない。

　ボロロ族の集落の構成員は全員記名され、演劇のように全員に役割が与えられている。因習と慣習に拘束され、不平等な社会であるが、全員が互いを認識したネットワークの中に生きていることが報告されている。現代の核家族という枠組みも、父親、母親、子どもは平等ではなく、それぞれに家族成員としての役割が与えられていることを考えると、ボロロ族の集落のコミュニティ・スケールは、拡大されたファミリーといえるかもしれない。それに対して、植民都市は、1000人から3000人くらいで構成されている。都市構造は中央のスクエアな広場を中心に一辺100メートルほどのグリッド状に配置され、広場の周囲は教会や役所など公的な施設で囲まれた公共空間となっている(図12)。個人の個体認識の規模を超えるため、互いに見知らぬ関係となり、この中で個人は平等で公平である。そして、このような都市社会では個人に分解され、自我のある個人主義が目指される。

レヴィ＝ストロースは『悲しき熱帯』の中で、先住民族を改宗させるためにグリッド状の植民都市に移住させると書いている。そうすることで、環状集落の空間配置によって図式化されていた規範や慣習の手がかりは消去され、社会構造が壊れることが観察されている。しかし、この空間配置の変更だけでなく、環状集落では全員顔見知りであったのが、植民都市ではコミュニティ・スケールが大きくなり見知らぬ人が登場するという、人と人の関係性が変わることが一番の要因であるのではないか、と私は思う。そこでは集合のスケールが大きくなることで、集落から都市にジャンプしているのだ。成員の人数がある規模を超えることで、人間の関係性が変わり、そこに都市という状況が出現する。その中では空間の所有に伴って監視、さらには孤立という集合の様態が生まれている。それだけではなく都市組織は、社会規範や文化そのものを教化する空間装置の機能を持ち、文明が上書きされていく。

都市の出現と近代

レヴィ＝ストロースによる集落と植民都市の考察は、西欧の思想社会では大きなインパクトを持っていたと思われる。建築・都市の分野も同様である。それは、アルド・ロッシ（1931〜

1997、イタリア、建築家）が『都市の建築』の序章で18世紀のジョージア州の植民都市の絵を使い、レム・コールハース（1944〜、オランダ、建築家）が『錯乱のニューヨーク』で17世紀の植民都市の話から始めたことからも推測できる。『悲しき熱帯』にもアマゾン奥地の植民都市が記述されているが、このように15世紀末から始まる大航海時代にヨーロッパ文明は植民都市という空間メディアを使いながら世界を覆い尽くし、現在もなお世界は「ヨーロッパ文明」のなかにある。私はこの「ヨーロッパ文明」によって支配されている世界を「近代」としているが、それは、12世紀にイスラム世界との覇権争いに勝ったヨーロッパ世界における地中海貿易の拡張が発端であると当時の地中海遠隔地貿易を研究したアブナー・グライフ（1955〜、アメリカ、経済学者）による『比較歴史制度分析』から読み解ける。

「イスラム世界」は地縁血縁関係を大切にするが、一方の「ヨーロッパ世界」は個人主義的なキリスト教教会がもたらした、契約による人間関係を基本とした社会組織であることが重要な要件であったそうである。「ヨーロッパ世界」は、社会を個人に分解する方向を持った社会組織であり、その社会組織が地中海貿易という遠隔地間の交易と経済システムの成立に有利に働いていた。資本主義は12世紀のこの社会組織から始まったとされる。現在の私たちはこの西欧の発明した社会システムに組み込まれているのだが、それは、個人の権利が守られ、自由な競争が行われる市場原理の世界である。

この社会システムは空間の所有と深く関係している。ここで、都市の出現を模式的に示してみよう。まず、あるがままの自然というタブラ・ラサ。ラテン語で何も書かれていない白紙のことだが、まずは、誰も所有していない空間がある。そこに、集落が登場する。前に見たように、原始集落は記名された人々（顔見知り）の集合である。その集落のスケールは150人を超えない集合であり、その環状集落の囲い地の中はその150人が管理する共有地である。環状集落群の円環で囲まれたコモンズ（共有地）以外は、誰も所有しない空間である。顔見知りの関係では、空間の所有を明確にしなくても使用上は大きな問題は起こらない。

ところで、ジェイン・ジェイコブズ（1916〜2006、アメリカ、ジャーナリスト）は『都市の原理』の中で都市の始まりを市場に求めているが、市場という交易の場所を持つ集合は集落のスケールを超えていく。交易とは互いに未知の集団同士が行う所有物の交換行為であり、市場とは知らない人々同士が集まり価値があるものを交換する場なので、盗難や喧嘩が日常的に起こる。そこで市場に集まる人々を監視するためのマウンドが用意される。互いに見知らぬ不特定多数が集まる場では人々は平等であるが、それをコントロールするルールが必要となり、ヒトの集合形式は集落から都市という異なる次元に入る。さらに人類学者によると、このような不特定多数の人々の交流が起きるコミュニティ・スケールにならないかぎり、文化的活動の痕跡（装飾品や楽器などの工作物）が見られないそうである。都市は文化を生み出す保育器でもある。

ミシェル・フーコー（1926〜1984、フランス、哲学者）が紹介するベンサムの一望監視システム（パノプティコン）（図13）は、多数の人間を管理するシステムであるが、これは人間の集合形式がある規模を超えると必要になるものである。都市という多数の人の集合では所有が明確にされそれが交換される。見知らぬ者が場所を共有するためには監視またはルールが必要となるのだ。都市では、所有不明なコモンズは排除されていく。共有地は記名される人間の集合で維持されるのだが、不特定多数の社会ではコモンズは乱獲されてしまう。いわゆるギャレット・ハーディン（1915〜2003、アメリカ、生物学者）が言った「コモンズの悲劇」であり、近代では宗教空間などの制度化されたコモンズだけが都市内に配置されている。

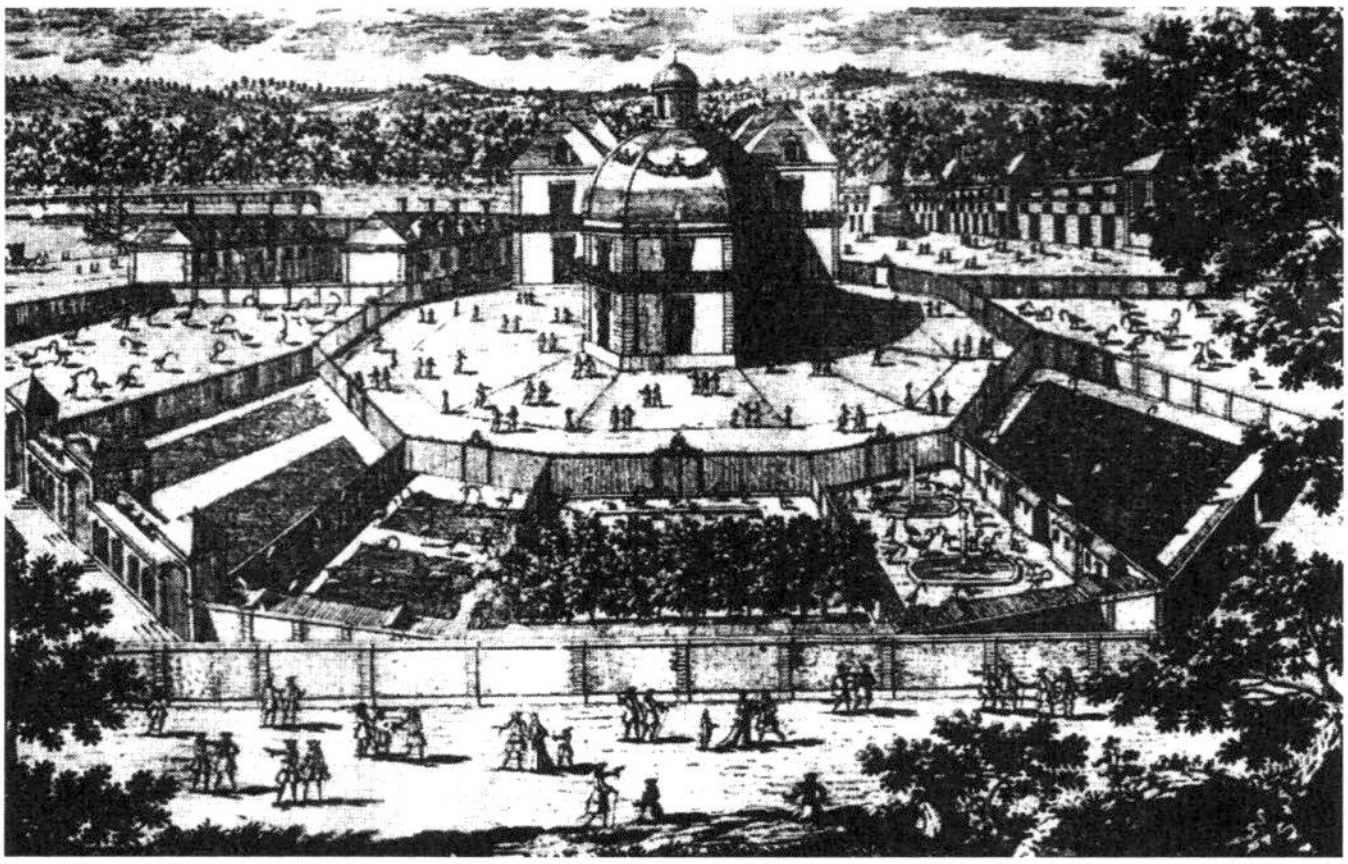

図13　パノプティコン（出典：ミシェル・フーコー『監獄の誕生』田村俶訳、新潮社、1977）

都市コモンズ

イスラム世界にはイスラム法で規定されるワクフ制度という興味深い宗教的寄進制度がある。相続時に世襲財産を神（または神を通して社会）のために自発的喜捨するもので、11世紀ごろからこの制度によって、寄宿制学校や救貧院、巡礼者の簡易宿泊施設など、公共、慈善、宗教的な施設がつくられた。ワクフ制度とは、都市の中に所有権の永久停止された空間を設けるものだ。寄進された空間は神の所有となるが、その実態は誰のものでもない誰でもが使える空間であり、いわば「コモンズ」である。このコモンズの空間がイスラム世界では、社会システムとして定義され現在も存在している。それは3・11のあとに伊東豊雄たちが仮設住宅の中に展開した「みんなの家」のようであり、それは明治以前には存在したが現在は制度的に存在しない「入会地」のような空間である。このコモンズの空間がイスラム世界では定義され存在している。

ヨーロッパ世界では、都市とは自然に対抗する概念であり、その空間は個人の裁量が自由になる私的領域とそれを抑制する公的領域という、対抗する二つの領域で構成されるものとなる。近代都市は都市労働者の流入により、その場所に根拠を持たない人々は個人に分解されて、経済活動などの機能に合目的的に集合するゲゼルシャフトという社会組織に還元されることが観測されている。

この個人に分解され共同体を失った都市の中で、空間という実体を伴わないコモンズを求める動きがあることが報告されている。そこに、公的領域でも私的領域でもない「親密圏」という人間関係が登場するのだが、それは、地縁血縁関係が解体され、個人に分解された近代社会のなかで生まれるもので、それをハーバーマスは『公共性の構造転換』の中で「小家族的な親密性の圏」という不思議な記述にしている。それは、互いが記名された人間の関係で、親密な社交の空間での「愛の共同体」とされるのだが、18世紀中葉の西欧にあったサロン文化のことかもしれない。アーレントもこの公的領域でも私的領域でもない集合を認めているが、ハーバーマスの「親密圏」とは異なる解釈をしている。それは、政治的、宗教的結社に近いものであるのかもしれない。「親密圏」は「社会的なもの」の威力、そのコンフォーミズムの力に抗するための空間として現れると書かれる。それは、均質化した近代都市や個人に分解される社会に対抗する共同体であると読める。

ハーバーマスもアーレントも指摘していないが、これは原始集落がそうであったように、記名された集団への帰属を求める運動のように思える。人間という動物はその集団に帰属することで安定するのかもしれないと考えると、イスラムの宗教的セクトであるＩＳ（イスラミックステート）の社会システムは全体がワクフであるような、所有の存在しない社会ではないかと想像してみる。集落でも都市でもない人の集合がどのようになっているのか興味がある。現代社会は個人が記名できる集団規模のテーマコミュニティが重層したなかに生きている。近代以降、人々はこのコモンズを求める運動を続けているように思えるのだ。塚本由晴（1965〜）が示す「コモナリティーズ」の絶え間ない運動を示しているように思える。そこに示されるボランタリーな人々の集まりは、空間という実体のないコモンズなのだ。

都市と集落の抗争の先に

1970年代に描かれたレオン・クリエ（1946〜、ルクセンブルク、建築家）のヨーロッパ都市再生のアイデア（図14）を見てみよう。それは市場経済で埋め尽くされる都市の中に、共同体の手がかりとなる空間を分布させる意図が読み取れるもので、当時はポストモダニズムの文脈で歴史主義に偏ったものとみなされていた。しかし、それをレヴィ＝ストロースが指摘する人間の共同体に手がかりを与える空間を都市内に布置するものだと見れば、弁証法的に近代都市の問題に解決を図ろうとしているように見える。これは、公的に開かれた私的共同性を喚起し、経済活動で規定される都市組織の中に、親密圏を生成する装置を分布させるというアイデアであることがわかる。

コーリン・ロウは『コラージュ・シティ』で、このレオン・クリエのドローイングが現す思想への共感を表明している。この出版の数年後（1982）に書かれた「プログラム対パラダイム」という興味深い小論がある。テキサス州オースティンという都市を題材にした都市論である。まずは1839年の都市ダイアグラムから始まるのだが、それを「16世紀的またユートピア的な都市計画案」と紹介する。このダイアグラムは植民都市のものだと了解できる。次いで、都市をひとつの塊のように表現する、ルシオ・コスタ（1902〜1998、ブラジル、都市計画家）やオスカー・

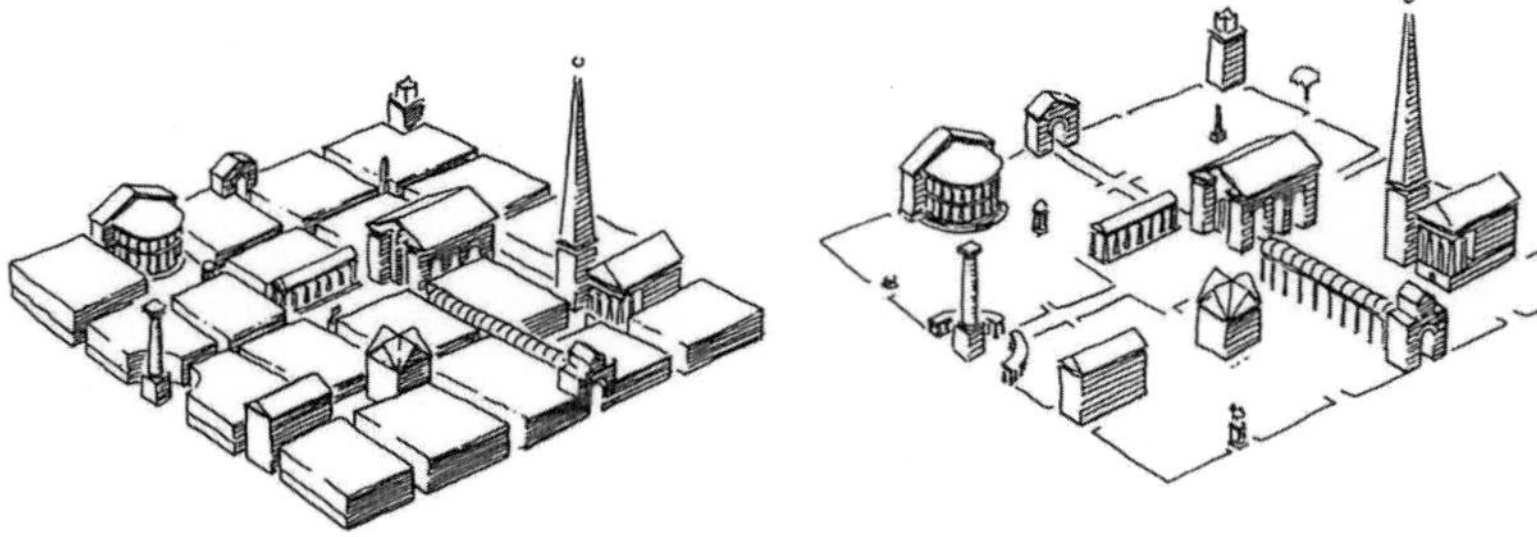

図14　レオン・クリエの都市再生理念（出典：コーリン・ロウ『コーリン・ロウは語る』松永安光監訳、鹿島出版会、2001）

ニーマイヤー（1907〜2012、ブラジル、建築家）、ル・コルビュジエ（1887〜1965、フランス、建築家）の都市構想のパラダイム、そして当時、システムズアプローチと言っていたテクニカルな計画過程を持つ都市計画をプログラムと分類する。それは『コラージュ・シティ』で取り上げた「ユートピア」と「ブリコラージュ」という論の展開のなかで用いた「ユートピア」という概念をさらに解剖しているように見える。そのなかで双方が不毛であることを論証しながら止揚するのであるが、そこで唐突に持ち出されるのが、ロウが紹介する夭逝の建築家が描いたいくつかの都市部品である。そこで示されているのは「ブリコラージュ」だが、このドローイングは都市に建築が参加していく戦略を提示しているのがよくわかる。

この文章は、80年代初め、ポストモダニズムの端緒のころのものだが、ロウはアングロ・アメリカとヨーロッパ大陸の建築都市文化を明確に切り分けている。その主題はアングロ・アメリカに属するテキサス州オースティンの都市計画なのだが、ヨーロッパ大陸の論理で語られるところが興味深い。ポストモダニズムとはヨーロッパ世界またはヨーロッパ文明に内在する大きな社会問題、公的領域と私的領域の抗争、またはマーケットとコモンズの抗争をどのようにすくい上げるのかというプロジェクトであった。しかし歴史的コンテクストの希薄なアングロ・アメリカでは商業戦略として用いられるノスタルジーでしかなかった。本来は、ポストモダニズムという建築表現は日本という文化圏では蚊帳の外であったのかもしれない。

人々を自由にする空間

コーリン・ロウはルートヴィヒ・ヒルベルザイマー（1885～1967、ドイツ、都市計画家）の示す都市イメージ（図15）を呆れた絵空事であり、悪夢のような未来が予見されるとする。そして、ル・コルビュジエの示す都市構想も同様であり、オブジェクト主義は20世紀を支配した過去の建築思想であると批判する。しかし、日本のディベロッパーはいまだに「呆れた絵空事」の実現に励み、著名建築家はオブジェクトづくりに邁進している。日本におけるモダニズム志向は、戦前はヨーロッパから直接、戦後は米国を経由して導入され、都心部はオフィスと商業ビルの集積、郊外は商品化住宅の海という現代都市タイポロジーを形成した。

２００２年、小泉政権は大手ディベロッパーで構成された諮問委員会の提言を受けて都市再生特別措置法を施行した。これによって日本中で建物の高さの制限が解かれてしまう。つまり、マーケットが見込まれる場所であればどこでも１００メートルを超えるオフィスビルやタワーマンショ

図15　ルートヴィヒ・ヒルベルザイマー「ハイライズシティ」1924年（出典：Ludwig Hilberseimer, *Large-town architecture*; Julius Hoffman publishing house, 1927）

ンを建てることができるようになった。日本の都市は人々の住む場所であるというよりは、「短期的利益の最大化」を目論む経済活動の「場」として定義されている。

1968年に出版されたアンリ・ルフェーヴルの『都市への権利』という本があるが、最初の章「初めの概観」にパリコミューンについての記述がある。オスマンという行政官によってつくられたパリの大通り「ブールバール」について、「機関銃でパリをくしけずる」というシュルレアリズムの詩人の言葉を引用して、権力に抑圧される都市の象徴であると批評している。都市の主人公は誰なのかという問いを投げかけるこの文章に勇気づけられて、当時、日本の学生たちはキャンパスや都市内（東京・神田や京都・百万遍）に解放区をつくった。そこはまさに集落的共同体の空間であった。いま思えば、西欧の近代はこの二つのアイデア、「集落的人間の関係」と「都市的人間の関係」の抗争にあったのではないか。そういってしまうとドイツの社会学者フェルディナント・テンニース（1855〜1936、ドイツ、社会学者）の「ゲマインシャフト」と「ゲゼルシャフト」の抗争という陳腐な言葉に還元されてしまうが、実は「パブリック」と「プライベート」という現代建築の原理である空間認識も、ヨーロッパ文明を起源とする近代社会が強要する空間認識である。

私たち、建築を学ぶ者は、二つのアイデア、「集落的人間の関係」と「都市的人間の関係」の抗争を懸命に学習してきたようにも思える。ヨーロッパ文明を定位していた建築、例えば、アンドレーア・パッラーディオ（1508〜1580、イタリア、建築家）、ル・コルビュジエ、ヨーロッパ文明を相対化するレヴィ＝ストロースの思想などだ。それはまさに建築という領域から見た文明の旅であり、現代人は集落と都市という空間システムが抗争している状態のなかで生きている。

20世紀という世紀は集落（＝ムラ）と都市の分離を推し進めてきた。弁証法的に考えれば、この間をつなぐ空間形式を開発することが、建築家に課せられたこれからの仕事なのかもしれない。建築とは、人間と空間を関係づける形式である。建築とは、身体的に共同体への参加を感じる「場」をつくる技術である。その建築によって人々は記名された人間の集合の状態を確認できる。そして、建築とは、身体に対応する空間のスケールを創造することによって、人々の活動的生を獲得できるものだと考えている。

DIALOGUE 1

新しい都市建築のタイポロジーを目指して

北山 恒 × 高橋一平

コストの限界値から見えるタイポロジー

髙橋一平　本日は門前仲町にある「HYPERMIX」の居住ユニット＋オフィスフロアにあるコモンスペースで対談したいと思います。このプロジェクトを北山さんが手がけられているころ、「門仲プロジェクト」と呼ばれていたのを覚えています。僕は竣工当時と、横浜国立大学が１階のスペースでイベントを行ったときも拝見しています。最近も近所を立ち寄った際は気になって、１階のスペースだけは覗いていました。

北山恒　HYPERMIXは都市の要素となる建築とはどのようなものか、新しい都市建築のタイポロジーをつくろうとしたものです。上の階に人々が集まって住む集合体があり、その居住の仕方も、家族の枠を超えていくようなものを提案しています。下の階には地域のための都市的な施設があり、それが都市に対して開放されている。そんなダイアグラムの二層構造を持っているような建築形式で、複合ビルなのかマンションなのか、既存のビルディングタイプには合致しない建物なのです。

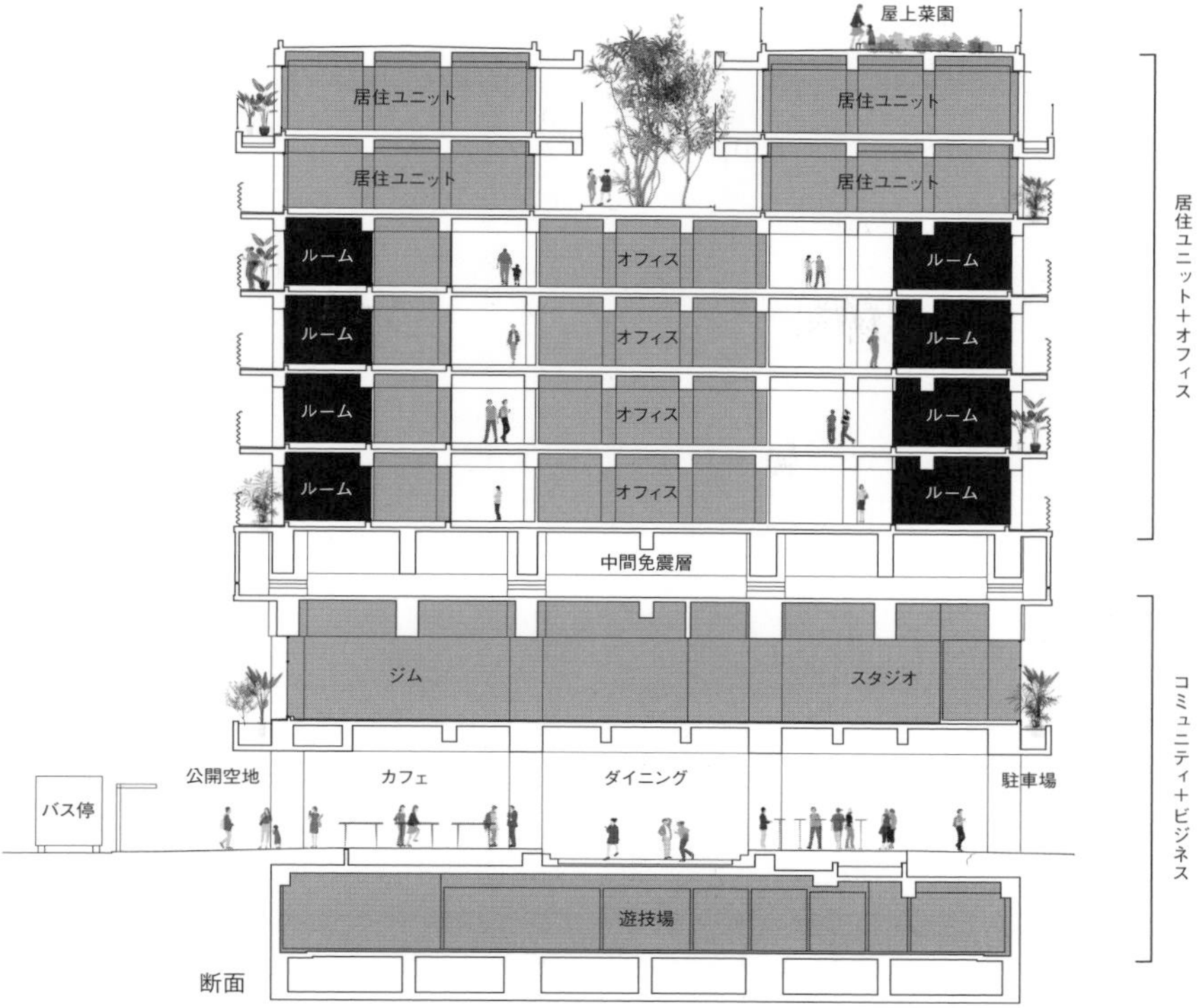

断面

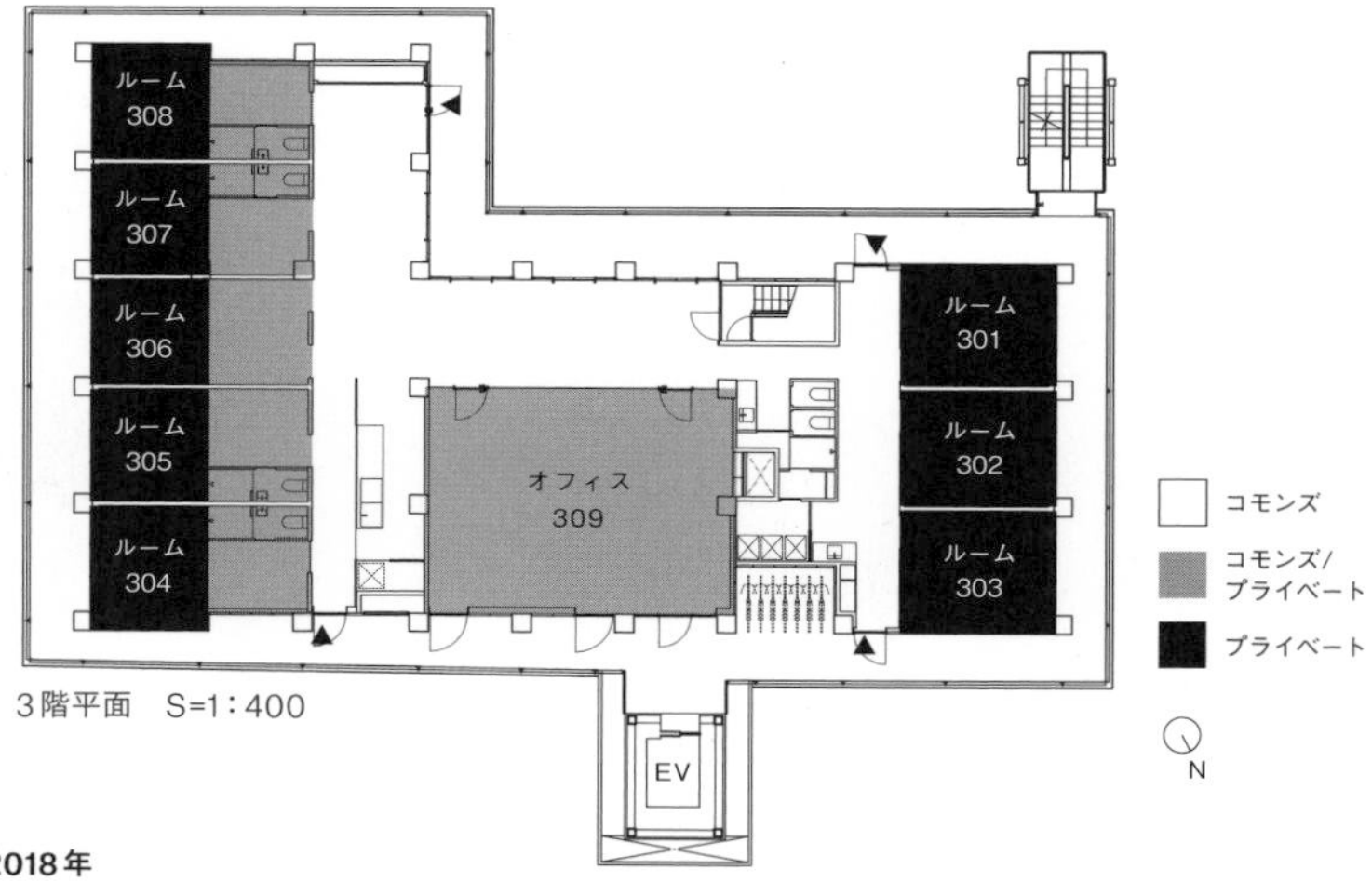

3階平面　S=1：400

「HYPERMIX」2018年

中間免震層を挟んで、下階は都市機能に対応するおおらかな空間、上階は居住に対応する人間スケールの空間として構造形式を変えている。免震層は設備配管を整理する設備フロアとしている中間免震層構造なのですが、免震層より下は都市に所属する空間で、上は居住、人間が生活する場所になっています。構造体もすべてそこで切り替えていて、免震層より上の構造体は小さい柱梁です。つまり、都市建築に対する空間のコンセプトと構造がぴったり重なっているのです。

　これは限界値まで探ってつくった建物で、かなりのローコストなんです。厳しいコストのなかでつくるというのは、設計事務所を経営する立場ではつらいけれど、設計者としては意味があると思っています。コスト的な限界値を探るというのは、実はタイポロジーをつくる原動力になるのではないかと考えるからです。

　人はお金がたくさんあると、余計なことを始めてしまうものです。再現性のない建物が世のなかにあふれているのは、潤沢な予算を使って、特殊解を見せようとした建築が多いから。でもコストをどんどん厳しくしていくと、余計なことはできなくなるので、切実な空間が現れてくる。そこがタイポロジーなのではないかと考えます。タイポロジーは再現性があって、次の時代や未来に関係してきます。特殊解は、一回性の不

たかはし・いっぺい
1977年東京生まれ。2000年東北大学工学部建築学科卒業、02年横浜国立大学大学院工学府計画建設学専攻修了（北山恒・西沢立衛研究室）。同年、西沢立衛建築設計事務所入社、10年高橋一平建築事務所設立。横浜国立大学大学院設計助手を経て、現在、法政大学非常勤講師、横浜国立大学非常勤講師。おもな作品に「七ヶ浜町立遠山保育所」「Casa O」「横浜国立大学中央広場＋経済学部講義棟2号館」「アパートメントハウス」「河谷家の住宅」ほか。受賞に日本建築学会作品選集新人賞、第35回吉岡賞など。

「HYPERMIX」南東側外観。清澄通りに面する立面。中間免震層で切り替わる空間構造をそのまま即物的に表現している

思議な建築はつくれるけれど、未来にはつながらないのです。免震構造を取りを入れると通常はコストが上がるものですが、コストを下げられたのは、柱断面が小さくなり、鉄筋量などを下げられたからです。ほぼ鉛直荷重だけを受けているかたちになるので、構造コストが下がってくるんですね。

髙橋　北山さんの建築は学生のときからずっと拝見しているので、ある程度はわかっているつもりでしたが、これまでにつくられた住宅と比べても、合理性の追求がよりストイックになってきたな、と感じます。以前にも坪単価50万円を切るコンクリートの住宅を設計されていました（「住宅K」）。あのときも構造体しかつくらないような考え方でしたが、それよりもさらにストイックな思想を感じました。また、集合住宅では内部の関係性を構築しにくいものですが、HYPERMIXの場合は規模が大きいことで、内部組織を組み替えるような、インタラクティブな提案がダイアグラムとしても実現できる可能性を持つ、非常に重要なお仕事だと認識しています。

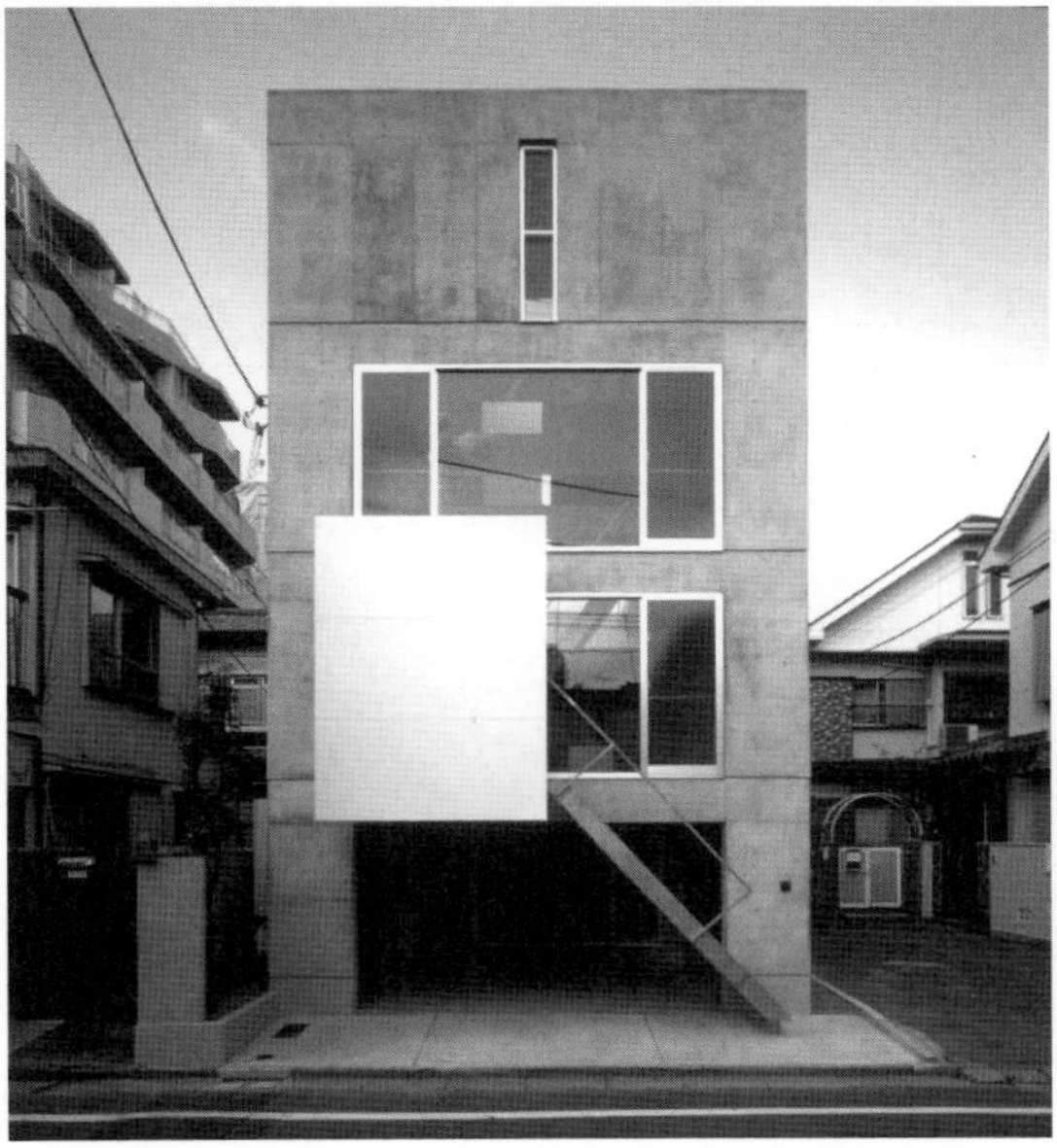

「住宅K」2002年

予算のないなかで不燃化促進区域の助成金を受けるために「高さ7メートル以上の耐火建築物」とする必要があった。残材の出ない資材計画や転用型枠、シングル配筋で済む構造形式など、施工コストの限界を探りながら厳しく空間構成を検討した

そうしたことを北山さんは「どのように考えてもこれが合理的であり、社会はこのようにできているほうがよいのだ」というところまで突き詰めたうえで体現されているように見えました。そうやってできたものが物化、つまり物質として現れたとき、それを使う人がどういう想像力を呼び覚まし、建築を創造的に使っていくのか。またそのことが、北山さんの設計思想の現れ方にどう影響するのか、興味があります。だから何度も前を通りかかって見てきました。

また、1階に見るオープンなホールは、「白石第二小学校」の玄関を兼ねた体育館や渋谷の映画館「Q-AX」など、北山さんの建築では数回登場しています。北山さんが考えられていた合理精神とともに、具体的な空間のアイデアとして強い特徴を持っています。この二つのバランスがすごく重要な意味を持っているのではないでしょうか。

HYPERMIXでいうと、居住のシェアの部分やバルコニーにゴミを置きっ放しにしていたりとか、もっと荒れたりするのかと思っていたんですが、実際はそうではありませんでした。でもハイパーカオスな状況のほ

「Q-AX」2006年

周囲にあるライブハウスに集まる音楽サブカルチャーの人々で前面の通りは祭りのように賑わう。都市のホワイエのようなパブリックスペースを設けることにした。営業に要求される空間の残余スペースを都市に開放している

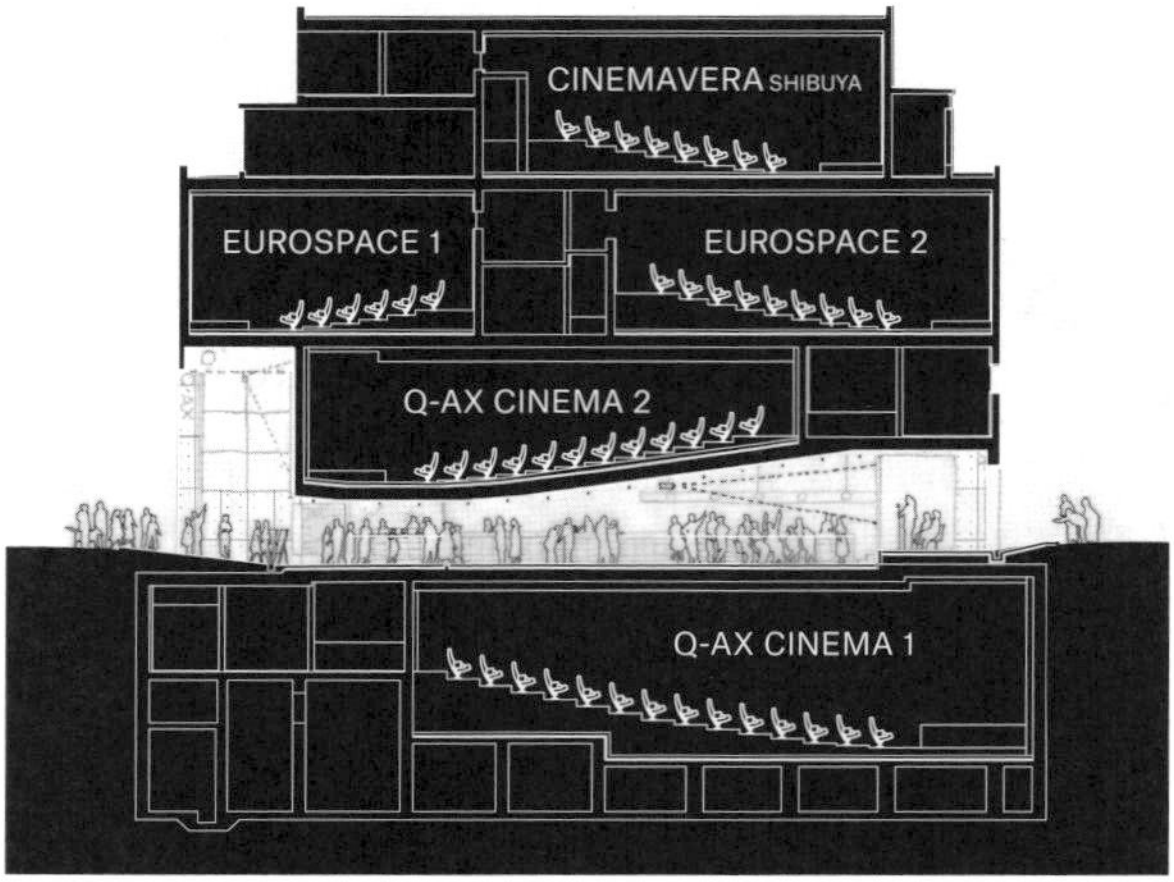

断面

「HYPERMIX」1階オープンスペース

うが、それこそ人間的な感じがするし、自然ではないかとも思いますし、実際、北山さんの建築はハイパーカオスを許容できるだけの、インフラのような器の大きさを感じます。建築を使う人が発する人間性と、距離をどう測って建築を設計なさるのか、もどかしい行き来があるような気もするのです。

北山　例えば1階のオープンスペースは、カフェになったり、イベントホールとしてシンポジウムをやったりして賑わう、都市の中の広場のようなイメージでつくったものです。でも現在はコロナの影響もあり、想定したかたちとは異なっていますが、それもあとから付着するブリコラージュであり、違う意思が入るのはいいと思っているんです。

モノ（物質・物体）が人々の行為を制御しコントロールする、モノや空間が社会や文化をつくっていくというのは西洋社会で取り上げられ、ハンナ・アーレントやマルティン・ハイデッガーはそれを物化、物象化という言葉で説明しました。モノを置くことで生活や人間の関係性は変わってしまうからです。

実は僕たちは住戸の扉をガラスの框戸にすることを提案していたのですが、運営側は抵抗感があり、実現することができなかったのです。オーナーからはプライバシーをどう守るかは、商品になるかならないかを左右するとまで言われ、フラッシュドアが採用されました。ガラス戸ならばブラインドの開け閉めというプライバシーの選択はユーザーにあります。ここでは視線が通るという選択肢を失ってしまいました。それは僕たちがモノの関係で為し得なかったところです。

一方うまくいったのは、バルコニーです。普通のマンションはバルコニーに隔て板を挟むのですが、ここではバルコニーをぐるっと回れるようにしました。窓から出るとテラスがあり、そこを路地のように人が歩ける。隔て板を排除することにより、バルコニーは個人に属すものではなく、この館に住むみんなのものだということが感覚的にわかるのです。隔て板があるかないかだけで、建築の装置としての働き方が変わってくるのです。

バルコニーがあると工事コストは増えます。短期的なコストとして見ると不動産ビジネスではあり得ない選択になってしまいますが、長期的に建物を存続させようと思うと、バルコニーが全部回っているのは絶対的な価値になるんです。高い建物の一番の劣化は外壁まわりのシールで、10年ほどで切れてしまいます。だから足場を組んでやり直さなければならない。タワーマンションは、それだけでも論理が破綻しているんですけれど、バルコニーがあればいつでもメンテナンスできるという合理性を持っています。またこのバルコニーは、外部と内部のクッションであり、環境対応や持続可能性の役割も担っています。

再現性のない建築はオブジェにすぎない

北山　作家の意匠として、付着物として建築が語る、ナラティブな建築がありますが、僕は横暴だと思うのです。住まい手やユーザーの自由を最大化しようと思ったら、余計なナラティブはすべて外したほうがいい。その状態で、住人やユーザーがそこに自由に何かアクションを起こす、それがいいのではないでしょうか。反面、設計者として新しい居住の仕方ができるようにコントロールをかけている部分もあります。シェアハウスをビジネスでやる際には通常、楽しそうなしつらいはつくるのですが、共用部分はお金にならないため小さくする傾向があります。そうではなくて、がらんとした空きスペースをなるべくつくるようなことをやりました。

オーナーには、すべて理屈で説明します。床面積には法的な制限（専用床面積に対応する車庫の付置義務、都建築安全条例、建築基準法）などがあり、それを回避する選択として余剰部分を最大化しているのです。一見余剰に見えるスペースは、コロナ禍で、コ・ワーキングスペースとなり、オフィス空間になりました。

髙橋　それらを経済の論理で説明しきれるのは、すごいですね。

北山　それやらないと実現できないから。建築家が自分の欲望で、または自分のファンタジーのために空間をつくろうということをやって、できなくて悔しいというのではなくて、徹底して工事コストとか法的なことか、社会制度のなかからこちらのつくる論理を発見していくという作業をしています。

髙橋　その根底には非常に哲学的な応答があるように感じます。

北山　建築は思想です。建築は社会のなかに恒常的に空間を占有するので、空間に対する責任があるし、空間に対する思想がないとつくってはいけないと思うのです。空間というメディアを使って思想を表現しているのだと考えます。

哲学や社会学の人は言葉・言語で思想を表現します。アンリ・ルフェーヴルも空間の話をしますが、ル・コルビュジエへの当を得た批判がありますが、ガウディへの的外れの評価など、見当違いも散見します。背景にある空間をつくりあげるランゲージのシステムを知らないで書いているからですが。ルフェーヴルは、1960〜70年代に抱えていたヨーロッパの都市問題からどうやって抜け出せるか、大きな思想的なものを書いた。それをいまだに解決しないまま、21世紀に入

「HYPERMIX」6階。居住ユニットとオフィスをつなぐラウンジスペース

りました。そういう意味では読む価値のある本ですが、実はわれわれのほうが、都市や空間をちゃんと書けるはずだと思うのです。ルフェーヴルよりも、ひょっとするとアーレントよりも、空間という言語を使ったら、もっとしっかりとした社会思想が語れるのではないでしょうか。

ただし、そこで苦しいのは、建築は経済システムのなかに入っているので、経済システムから逃れられないということ。結局、商品をつくらざるを得ません。お金を投資して、そこで金儲けしようとしている人に応えざるを得ないけれど、そこに商品を乗り越えていくような空間をどうやってつくるか。その抜け道を探りながら、法規や経済原理、コストバランスなどを考えてつくっているのだと思います。

そういう点から見ると、カタチだけ素晴らしい建築をつくるのは、案外、簡単なんですね。実際に、学生でもできるような建築が社会にあふれています。プロでやるにはもっと違う領域があって、その領域を目指して考えてやっていくしかないと僕は思っているのです。それは何かというと、再現性の問題です。再現性のない建築は単に、オブジェにすぎないのではないかということです。いくらでもできます。

コロナの影響下で、HYPERMIXのコミュニティビジネスの経営は苦戦しているようですが、経済装置としてはかなりうまくできているので、これが事業として成功すれば大きな収入源となり、再現性ある商品としても成立し、それが次の社会をつくる可能性もあると期待しているのです。どかんとした空間を、都市の1階部分に置いておくというのは、可能性をつくっていくことです。都市に開かれることがアドバンテージになるようなビジネスモデルがあれば、動き出すでしょう。一方で、タワーマンションという商品はそろそろ限界にくるのではないでしょうか。ファミリー向けのマンションやワンルームマンションも、人口が減るなかで競争力を失ってくるはず。家族形態や働き方が変わってくるなかで、次の商品として、これはタイポロジーであり商品である可能性を持つと思っていますが、それは社会が決めることで、どう社会のなかに位置づけられるかはまだわかりません。

髙橋　HYPERMIXで再現性を最も担保する部分はどこか、すぐに思い浮かぶのは構造体の配分と断面計画でしょうか。平面計画においてもテラスが外周に回ることで一度は外観がつくられますが、この建物はどれだけ平面が大きくなっても成立するし、どれだけ超高層になっても、より多様で魅力的なものができそうです。その冗長性、拡張性に建築の原理を見ました。その点が哲学的だと思います。

　普通は平面計画で全体をつくり、部分をつくり込む集合住宅が多いですが、北山さんはそうではない。あくまで部分の離散を前提とした空間概念が先に存在し、そのなかに共同体が同居しているだけで、共同体というクラスターを前提に組み合わせ全体を構築する発想ではありません。その点は、近代後に試みられた数々の集合住宅計画とまったく異なるのではないでしょうか。

一戸の住宅から社会の財産をつくる

北山　髙橋さんの「アパートメントハウス」も集合形式を扱っているわけですが、集合しているように見えて、実は離散している。近代の施設は実は集合していないというのは、髙橋さんも文章化していますが、僕もそう思っています。基本的には商品になっているので、集合形式はつくらないのです。それを集合の空間装置、物象化として建築をつくっている。

髙橋　「洗足の連結住棟」でもそうですよね。クラスターでできてないから、無限に連なっていても哲学的に破綻しない。そこは重大なところです。

北山　HYPERMIXもそうですが、あの連結住棟でも、これは大発明をした、みんなに真似されるだろうと思ったのに、実際は真似されていないのです。何かまだ問題があるのでしょう。入居者が隣の入居者をまったく知らないのがいまのタワーマンションで、ディベロッパーは隣と無関係であることを価値として、そこがいかに優れているかを打ち出します。しかし、隣と関係していく商品ができ、そこに共感する人たちが増えていけば、これも成功するはずなのに、それが反復され

「洗足の連結住棟」2006年

周囲の戸建て住宅のグレインに合わせた分棟型の集合住宅。住戸はバルコニーを介して離れを持つ空間形式で、その住戸間は視線が通りプライバシーのレベルが落とされている。互いに生活の気配を感じ、気配りを要求する空間構造となっている

2～4階平面　S=1：500

2階平面

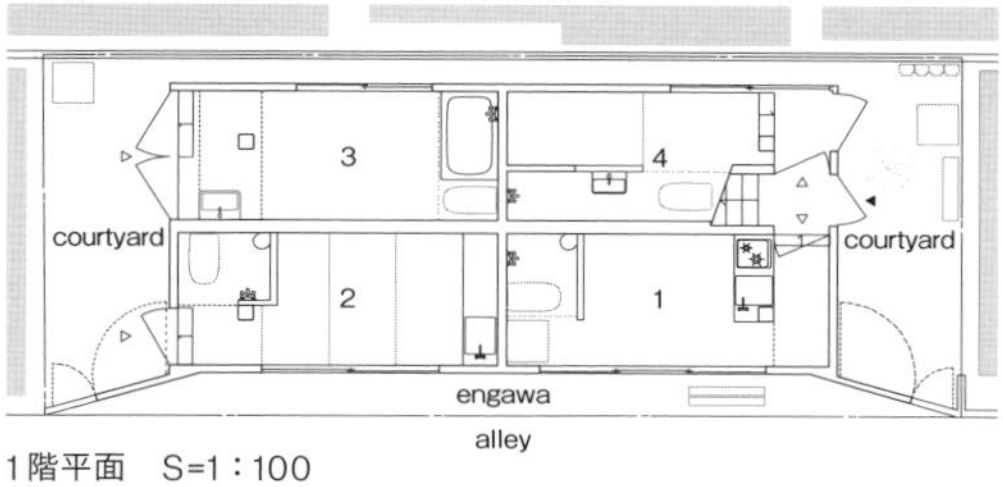

1階平面　S=1：100

1　朝の家
2　縁側の家
3　庭のある家
4　管理人の家
5　入浴の家
6　日向の家
7　料理の家
8　身支度の家

「アパートメントハウス」2018年
建築設計：髙橋一平建築事務所

一人暮らし向けの小さな八つの部屋でできた集合住宅。各部屋は、住人にとって日常生活の豊かなシーンを切り出し、空間化したものとして特徴付けられ、各住人が自由に過ごす流動的な都市生活のなかで、それぞれ異なるかたちで家として定義される。そのため各部屋は一般的な家の断片に過ぎない。住人同士で訪れ合うと、そういう断片であった部屋群がときどき一つの家になる

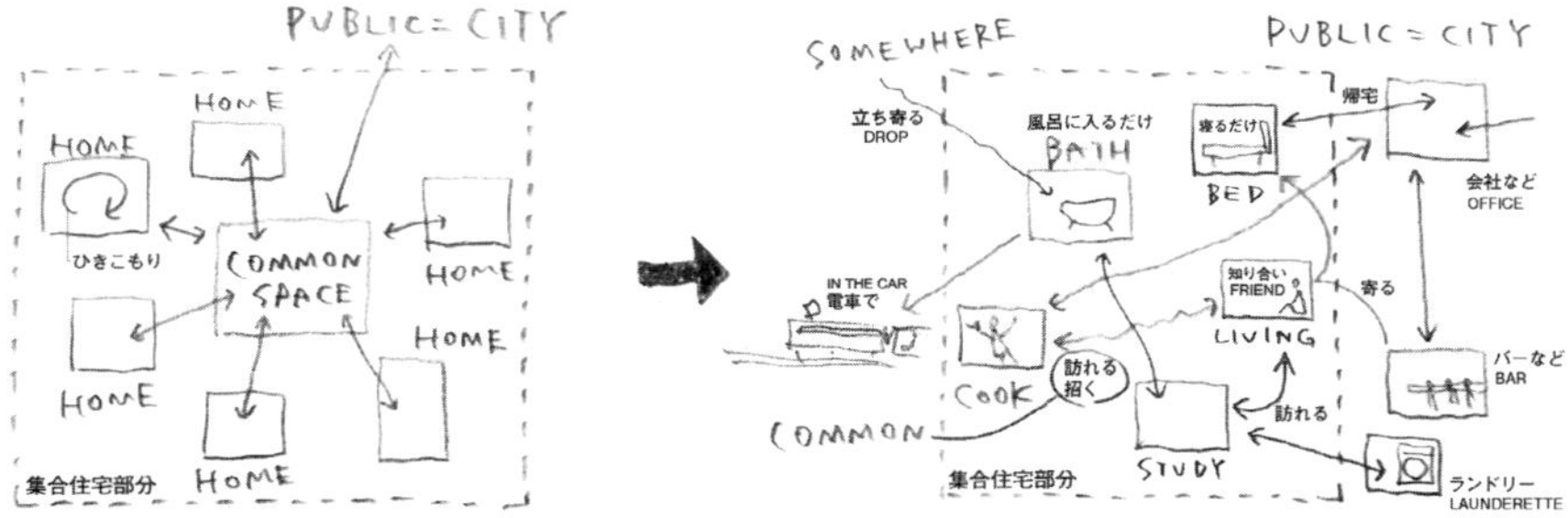

一般的な集合住宅（左）と「アパートメントハウス」（右）の比較

ていない。でも10年後、20年後に対応していけるような冗長性はこちらのほうがあると思っています。

　もうひとつ、現在、山本理顕（１９４５～）さんと横浜のＩＲ計画のオルタナティブを提案していますが、HYPERMIXと同じように、下に大きな都市的なスペースをつくっておき、上に居住を中心にした集落をつくるという計画で、その断面形状、断面システムを提案しました。ここでも免震層を入れています。居住部分は、理顕さんの地域社会圏主義という、新しい、家族を超えたある意味でのムラを実体化したもので、その実現を探っています。2万人が住む都市建築となります。

高橋　真似されるという話ですが、それはディベロッパーみたいな人が真似するようになるのが一番いいのでしょうか。

北山　そうですね、だから僕もハウスメーカーに使ったらどうですかと提案に行っているんです。

　都市建築は、それぞれ個別の商品が、短期的利益の最大化のためにつくられてできています。都市再生特別措置法（２００２）によって高さ基準を変えて１００メートル以上のタワーマンションができるようにしたり、都市の建築は利益最大化をねらった、欲望のシステムの塊みたいになっている。

HYPERMIXは容積率を１５６パーセント残しているんです。まだ上に床を積めるけれど、そうするとスプリンクラーが必要になったり、階段を特別避難階段にしなければならなかったりするので、長期の維持費まで考えていくと、短期的利益を最大化するよりも、経済的な適性規模があると提案してつくったのです。

パリの街並みなどもそうですが、都市に対する適正規模というのがあり、そのためにはそれぞれが敷地の中での利益最大化をねらわないことを説得するのが大事なのではないかと思います。

高橋　僕は風水を気にかけることがあります。大地の力を吸い上げられるのは7階までというのが風水にはあるのです。僕の事務所は7階にあります。HYPERMIXも同じくらいの高さです。上に住んでいても通りで何が起きているかもわかるし、身体感覚にもとづいた高さの適正化が必要だと思っていました。

北山　本当は10メートルがいいと思います。ポンプがいらないから、揚水する必要がないので。

行政サイドは、容積や高さの制限をゆるめれば再開発が進み、それが都市にとっていいことだとしています。そういうモメントをつくるために、容積率を緩和させている。そうではなく、適正規模があり、周りとの関係で都市はできてくるのです。都市建築の思想、アーバンティッシュという概念が日本にはありません。

建築家は通常はモニュメントや特別な建築の設計に向かっていて、普通の都市を構成する建物には携わっていません。私たちがそういうところにまで入ったときに、アーバンティッシュを誘導する建築をつくれるかどうか。適正規模を提示して見せて、それを持続し、商売としてもうまく動かしていく。経済のシステムが機能すれば、ああこうやればいいんだというモデルができる。そのモデルがコピーされる。そうすることで街並みができてくる。ということができればいいなと思っています。

建物をぐるっと回れるバルコニーには隔て板がなく、住人は路地のように使っている

居住ユニット+オフィスの各階に設けられたコモンキッチン

そのために、なるべく情報は公開すること。建築に特許はなくていい。それはある意味、社会の財産になっていくのが、建築の持っているキャラクターなのだと考えています。社会の財産をつくるということを、一戸の小さな住宅でもできます。小さな建築でも、社会に関係づけられた建築をつくることによって、それがコピーされ、また次の社会をつくっていく。それが都市のタイポロジーだと考えます。

ヴェネチアのタイポロジーは、陣内秀信（１９４７〜）さんによると、その時代の工法や材料の面で一番使いやすい空間形式を考えたものが一個できると、それをコピーしてどんどんつくり始めたことから街並みができたのだそうです。それがコスト的に安く、長持ちしてメンテナンスしやすく、住まい手に共感されると、アーバンティッシュをつくっていくのではないでしょうか。

所有概念から使用価値への変換

髙橋　普通の人がその建築に気づくとか、都市とその建築の関係を認識し始めるのに、他者との接点となる外部のパブリックなスペースというのは、重要になってくると思います。

北山　その点で難しいのは、商品にはスペクタクルが求められてしまうこと。スペクタクルというのは、目の欲望です。われわれがやっていることは、身体に対してつくっているもので、目の欲望ではありません。目の欲望まで入れていくと、フェティッシュになっていくので、難しいところですね。

20世紀の建築文化は、スペクタクルなものでしたが、21世紀はそうでないことを望みます。その価値の変換はコロナで裂け目が入って、ああこのほうがいいじゃないかと移っていければいいのですが……。最近の建築雑誌を見ても、その価値の変換が起きている傾向が見えるので、それが救いかもしれません。

資本主義は空間を所有して、それを交換することで経済をつくってきたけれど、所有ではなく使用価値へと方向を転換できれば、いままでとは違う方向にいく可能性があるのではないでしょうか。資本主義を乗り越えていくような価値観をつくるには、所有概念を変換すること。所有がある種不明解になったり、誰でもがアクセス可能な空間をどうつくっていけるかというようなことだと思います。

高橋　定住についてはどう思われますか。これから先、定住しない、家を何カ所か持つ、あるいはAirbnbのシステムもそうですが、人の家を自分の家のように使うことも増えるかもしれません。これから先、定住思想にしがみつかなくなれば、人間はもっと救われると思うのですが、どうお考えになりますか。

北山　アパートメントハウスはそういう感じですよね。人間が生きていくある瞬間、そこに仮に住んでいる、仮の場所という感じがします。日本の不動産マーケットにある商品住宅は、一番購買欲求のある40歳前後の夫婦のための商品になっています。高齢者でも子どものためでもない。ターゲットの購買層に向かった商品しかないので、そうではない層に向けては定住しない、ばらけて住む場所が置いてある社会というような状態

各階、20人乗りのエレベータからの降り口に自転車置き場が設けられている

になるのではないかと推察します。

高橋　定住を前提としなければ、コミュニティは成り立つ気がします。通常のシェアハウスは賃貸で入居しながら、この人たちとずっと一緒にいなければいけないんじゃないかという感覚を空間のほうが押しつけてくるけれど、本来はそうじゃない。

いまカナダのCCAでビデオ作品をジョバンナ・ボラーシとつくっているのですが、電車の中で生活行為をする人を撮影しました。化粧をしたりおにぎりを食べている人たち。そういう、よその人には普通は見せないことをやっても成り立つ空間があるのではないかと考えます。

それから、香港に重慶大厦《チョンキンマンション》という、取り壊しの噂もあるマンションがあります。1階にオープンなスペースがあり、上にゲストハウスがびっしり詰まっていますが、あまりにもいろいろな人が出入りするので、パブリックビルディングみたいに見えるんです。

HYPERMIXもそういうアジア的なものが、また何か新しいかたちで生まれるような予感がしています。東

南アジアの発信力が弱くなってきたので、日本でカオス、つまり人間性を包含する建築をつくらなければダメだな、と勝手に思っています。

裂け目を見つめ、未来への責任を負う

北山　ある空間ストラクチャーを用意しておくと、自然発生的に人間の活動は起こります。都市建築とはそういうものかもしれません。

ところで、近代の先に、またもう一度ムラ的前近代に戻ることを、ルフェーヴルも広井良典（１９６１〜）さんも暗示しています。広井さんは、「近代」というのが異常なときで、人口が爆発的に増えて都市化が進んだが、でもその時代が終わるとまた前の価値観に戻るのではないかと指摘します。

ペストがあって、ペスト以降にルネッサンスが始まりました。パンデミックのあとに切断面があり、次の世界に入っていく傾向があるらしく、スペイン風邪のあとは社会をコントロールする力が強くなって、ファシズムが生まれました。われわれのコロナのあとは、

ルームは小さいながらベッドの置かれる場所とコモンスペースにつながる場所が区画されている

自由に動き回れる社会がなくなっていく可能性があると警鐘を鳴らしていましたね。それに抵抗していくには、ムラ的な、国民国家ではない、小さな規模の人間の関係性を大事にすることが必要なのではないかと思っています。

高橋　身体性の高いものが求められている気がします。人と話すときは顔を合わせたほうがいいという価値観に通じます。いまインターネット上が都市のようになっていて、相互監視システムのように、変な正義感で警察の役割を真似たりすることが横行しています。そういう状況に対し僕は、それをムラと呼ぶのかわかりませんが、なるべく面と向かった交流をしたいと感じます。

北山　ルフェーヴルは、ムラを身体性と結び付けていますね。広井さんは、近代は自然を切断しているので、もう一回、そこに着陸するだろうと言っています。

そもそも地面は所有するものではなく、建物の1階は誰でも自由に使っていた場所に所有を決めてしまっているだけ。そのエクスキューズというわけではありませんが、HYPERMIXの1階は地表のために役立つような状態に持ち込もうと、都市に開かれた空間にしました。不動産ビジネスとしては1階が一番儲かるので、あのようにがらんと空けておくことはまずしませんが、可能性を置いてある。

高橋　これまでは、人間の自由な行動を阻むさまざまな統制や、希望を失した現実的発想になりがちであるなど、理不尽なものがはっきりし過ぎていて、息苦しさを覚えていました。それを打破できる価値観を予想できずにいたけれど、理由もつかないことが起きると、それが人間にとって大きな変化をもたらすように感じています。

物事には必ず理由があり、だから責任もどこかに生ずる、という具合に理詰めで考えることが公平とされる社会に対し、裂け目が生じることによって、もっと違う概念があることがわかるということは面白いと感じます。ある意味でチャンスではないでしょうか。

これから先、人間中心主義とはまた別の考え方、時代がくるといった希望を逆に感じてしまうところがあるんです。その裂け目は、コロナなのか、オンラインバンキングの崩壊なのか、ネットウイルスの蔓延なのかわからないですけれど、裂け目に希望を見出すという点に興味があります。

北山　コロナ禍によって、ふるまいや動作が変わるようになったときに、違う世界が見えてくるでしょう。あたりまえの世界が裂け目から見えてくる、ということかもしれません。未来をどうするか。ひょっとするとファシズムのような世界があるのかもしれないけれど、それに気づいたら違う方向に持っていく。

建築にできることの限りはあるかもしれないけれど、われわれは、制度を可視化するような仕事をしているので、未来はこうあったほうがいいとして、社会の部品をつくっていく作業はできます。逆にそれが見えていないと部品はつくれません。

建築はわれわれの生命スパンを超えて残っていくもの。都市の中に固定物として置かざるを得ないわけで、未来へのビジョンを持つ目がないかぎり、置いてはいけない。短期的利益の最大化をねらっているものは、それは見ていないから。われわれはそこに責任があります。そのためにも裂け目をちゃんと見なければならないと思います。

髙橋　こういうときこそ、人間は都市に集中しないほうがよいとか、公共施設はこうあったほうがよいとか、専門家が出てきて提言してほしいものです。

ムラという新しい集合の仕方

北山　グローバリズムのなかで、世界中がどこもあたりまえのように均質で同じようなジェネリックな空間や都市風景、都市システムをつくってきました。そこで生きているならば、それを飛び越えて違うところに飛び込んでいける可能性をつくれるといいと思っています。都市の中にムラはつくれるかもしれないと考えます。

真壁智治さんは、渋谷の再開発に関する文章で、次のように書いています。「工事中の仮設状態は面白かっ

た。工事の都合でどんどん変わっていき、日ごとに違うルートが用意されると、都市が違う見え方になる。ところが出来上がって、あらかじめ計画された空間になったら、その空間の興奮がすべてなくなった」（『臨場　渋谷再開発工事現場』平凡社）。そのキーワードがブリコラージュで、ブリコラージュは可変的で、意思が自由で、計画されたものはブリコラージュではないということです。

髙橋さんの建築を見ると、ブリコラージュになり得るものを感じます。新しい建築に飛び込みつつあると思います。僕たちも、そこに行きたいと思っています。

髙橋　都市のムラ化というのは面白いです。ムラに戻るということなのか、もしくは文化の繰り返しのようなものが起こるのか、ムラという言葉の印象に反して歴史の壮大さを感じます。

ムラとは何かと考えると、例えば人間がこの世に、または社会に連れ込まれ、さてどうしたものかと思い、その辺にいる人たちにいまの状況を確認するところから始まって、コミュニケーションが始まる、その原始性みたいなものがムラの起源なのかなと思います。
　裂け目があることで、いままでの社会をすべて忘れて、もう一回、最初に立ち戻るみたいな感覚があればいいのですが。従来の都市生活が完全に身体性に刷り込まれてしまっていると、結局いままでと変わらない生活になる懸念もあります。むしろ近代の教育を受けていない人たちが、ムラみたいなものに敏感に反応できるような気もします。

北山　ムラというと、ノスタルジーや保守的であるという、ネガティブなイメージがありますが、コロナを超すことによって、リアルに都市ではないもののほうが新しいわれわれの集合の仕方であると感じられるようになると推察します。それがムラだと考えます。

髙橋　東日本大震災のときに、これから社会は変わるのではないかと思ったけれど、結局ほとんど変わらなかった。それはショックでした。建築家が現地を訪れ、第一次産業の人に対しノスタルジックな復興の提案をしたら、ありがた迷惑だとか、怒られてしまう。田舎ほど進んでいるところはなくて、みんな、スマートフォンを持っていて、電気自動車でショッピングセンターと自宅を往復し、エアコンと二重ガラスのドアでコントロールされた住宅で生活しています。そこに心のすれ違いが起きてしまいました。コロナの場合はどう次のモチベーションを持って人間と接するか、関心があります。

北山　生活様態が変わると、都市で用意される空間が変わってくるでしょう。HYPERMIXは可能性がある。働くことを強要するオフィスビルや切断された生活をするタワーマンションは違うと気づき始めるのではないでしょうか。
　ムラの人間関係は、顔見知りです。都市はみんなが顔を知らない。知らない人だから電車の中でお化粧しても平気なんです。顔見知りはお互いを知っているから、恥ずかしいと感じるふるまいが生まれます。都市は、本来の動物としてのヒトの関係ではなく、新しいシステムに放り込まれている状態なのです。電車に乗って通勤するという反復動作がなくなり、在宅で仕事をすると、地域社会の顔見知りに囲まれた日常生活ができるようになります。「日常生活批判」とは、そこに人間の関係性が新たに生まれてくるということではないかと思います。そして、それを支える建築タイポロジーが要請されている。そこに建築家としては期待したいですね。

Ⅱ

都市の中のムラ

1　新たな居住都市のイメージ

1968年〜1970年、時代の切断面

私がギャラリーIHAで企画した連続レクチャーを、2017年、法政大学の北山研究室で『建築的冒険者の遺伝子』（彰国社）という1冊の書籍にまとめた。この本の冒頭に1968年から91年、パリの5月革命からソ連崩壊までの建築年表を付けたが、その年表が始まる68年から70年は「時代の切断面」である。丹下健三（1913〜2005）や前川國男（1905〜1986）など、それ以前の日本の建築家と、それ以降の建築家はまったく別のカテゴリーになる。社会様態がそうさせていたのだが、それをレポートした本である。

68年のパリの5月革命はヨーロッパ文明の大きな変革期だが、その年、日本は世界第2位の経済大国になった。70年代の日本はカンブリア紀の種の爆発のように若手建築家たちによる建築的冒険が活発化し、おおいに沸き上がった時代である。これは世界の建築史のなかでもユニークな状況で、個性的な戸建て住宅が多数つくられた時代であった。槇文彦（1928〜）は、それを「平和な時代の野武士たち」（『新建築』1979年10月号）と表現している。

翌69年、「新宿西口フォークゲリラ」という、新宿駅前の交通広場を学生たちが占拠する集会があったのだが、当時新宿にある都立高校の学生だった私には身近な出来事で見に行った。同年の東

大闘争は受験生だったこともあり、さらに身近だった。70年の大阪万博では、新奇なオブジェクト建築群によって未来都市がプレゼンテーションされたのだが、これも見に出かけた。その後、日本の建築界の様子は大きく変わっていくが、まさに68年から70年が「時代の切断面」なのだ。そして「時代の切断面」は、その状況を体験した人間でないと理解できないものである。

『都市のルネサンス』とパッラーディオ

78年に陣内秀信の『都市のルネサンス——イタリア建築の現在』(中央公論社)が出版されている。フリースタンディングオブジェのような小建築がたくさんつくられている日本の建築状況のなかで、それとまったく無関係なイタリア建築事情の報告書だと思った。

出版の翌年、同書に加えて、福田晴虔《せいけん》の『パッラーディオ——世界の建築家』(鹿島出版会)とジェームズ・S・アッカーマン(1919〜2016、アメリカ、建築史家)の『パッラーディオの建築』(中森義宗訳、彰国社)を携帯してイタリアをめぐった。というのは、そのころ、磯崎新(1931〜)がパッラーディオを引用する文章を書いていたのだがまったく理解できなかったので、とにかくパッラーディオを見てみたいと考えたからである。

4カ月ほどかけ、現存するパッラーディオの建物を全部見た。パッラーディオの建築は自律するフリースタンディングオブジェのような純粋な建築形式で、ある思想のなかで合理的に構想されている。そういう意味でモダニズムの建築に近いと感じた。パッラーディオはヴェネチアに三つの建築(サン・ジョルジョ・マッジョーレ聖堂、イル・レデントーレ教会、カリタ修道院)を建てたが、サンマルコ広場があるヴェネチア本島の中にはつくることができなかった。歴史家ではないの

ヴェネチア、サンマルコ広場から望むサン・ジョルジョ・マッジョーレ

で勝手な感想だが、パッラーディオの建築はフリースタンディングという自律する傾向があったために、既存の都市組織の中に織り込むことができなかったのではないか。

当時ヴェネチアに行ったのはパッラーディオの建築を見るためだったので、『都市のルネサンス』は観光ガイドのように読んでいたのだが、あとになってこの本にはとても重要な思想が書かれていたことがわかった。おそらく日本で初めてサヴェリオ・ムラトーリ（1910〜1973、イタリア、建築理論家）の思想、つまり都市組織の概念と建築類型学を伝えた本であったのだ。

アルド・ロッシの『都市の建築』（大島哲蔵・福田晴虔訳、大龍堂書店）という重要な本がある。当時、雑誌に抄訳で紹介された文章を読んでも難解でわからなかったのだが、あるときふと『都市のルネサンス』を読み直して、ロッシの言っているイタリアの都市理論が理解できたのである。しかし同時に、都市組織という概念は、連続壁体でつくられ、長い時間スパンで都市空間が継続していくイタリアの都市では有効な都市理論であるかもしれないが、粒々の集合である日本の粒子状都市においては無関係なものだと感じていた。やはりロッシの『都市の建築』もヨーロッパ文明のなかでの話でしかなく、そのなかで閉じていると、私は考えていた。

ところが85年に出された同じく陣内秀信の『東京の空間人類学』（筑摩書房）では、都市組織と建築類型学という構造を持ちながら、東京という都市空間にある領域を時間と空間のコンテクストで紡いでいくという都市の見方が示された。この数年前に、槇文彦らが書いた「奥の思想」（『見えがくれする都市――江戸から東京へ』鹿島出版会）とも呼応しながら、さらに圧倒的な迫力を持って新しい都市論が提示されていた。当時、西洋で議論されていたコンテクスチュアリズムが日本でも有効であるということを教えてくれた画期的な本であった。

この「空間人類学」という言葉からレヴィ＝ストロースとの関係が気になってくる。50〜60年代は、レヴィ＝ストロースによってヨーロッパの思想界は揺さぶられるのであるが、バーナード・ルドフスキー（1905〜1988、アメリカ、建築家・エッセイスト）の『建築家なしの建築』（鹿島出版会、1976）、ニコラス・J・ハブラーケン（1928〜、オランダ、建築理論家）のオープンビルディングやこのムラトーリの思想も、レヴィ＝ストロースの構造主義の影響下にあるのではないかと思う。

『東京の空間人類学』が出版された当時、ケネス・フランプトン（1930〜、イギリス、建築史家）の「批判的地域主義」が『反美学』（勁草書房）、『a＋u』でも抄訳されて紹介されていたが、それを東京で実践する理論書のようにも読めた。89年のベルリンの壁に続きソビエト連邦の崩壊後、世界では新自由主義の拡大と資本主義の暴走が始まり、建築の世界は権力や資本を象徴するアイコン建築が主流となる。しかし一方で、この安易なオブジェクト主義のオルタナティブとして、地域コンテクストのなかに批評的に建築を存在させる試みは継続していた。

ヴェネチア・ビエンナーレ「TOKYO METABOLIZING」

２０１０年、ヴェネチア・ビエンナーレ国際建築展日本館の展示タイトルは「TOKYO METABOLIZING（生成変化し続ける東京）」である。日本館のコミッショナーを務めた私は、そこで東京の都市組織に注目し、それを構成する建築類型（タイポロジー）を拾い出そうと考えた。

展示会場はネットフェンスによって二つのエリアで構成した。ネットの手前にはパリ、ニューヨーク、東京の大きな航空写真を壁面に並べ、都市比較のプレゼンテーションを行った。パリは19世紀を表象する「City of Monarchism」（王政の都市）とし、ブールバール（大通り）によって都市組織が分断されることを、ニューヨークは20世紀を表象する「City of Capitalism」（資本主義の都市）とし、碁盤の目状に区画された土地が資本参入を容易にしたことを提示した。

そして東京は「TOKYO METABOLIZING」（生成変化し続ける東京）とし、21世紀の東京の主題は都市組織を構成する無名の住宅地のリサイクルであると仮説を立てて、具体的な展示を併設した。檻のようなネットフェンスの奥に、塚本由晴の「ハウス＆アトリエ・ワン」（２００５）と西沢立衛（１９６６〜）の「森山邸」（２００５）という、木造密集市街地の中に建つ小さな住宅作品を展示した。この2作品は東京の新しい都市組織を構成する建築類型（タイポロジー）のサンプリングとして提示した。

第12回ヴェネチア・ビエンナーレ「TOKYO METABOLIZING」（2010年）会場風景
ネットフェンスによって二つのエリアに区切っている。エントランス側にパリ、ニューヨーク、東京の都市比較（上）、ネットフェンスの奥にサンプリングした二つの住宅模型の展示（下）。写真提供：国際交流基金

「City of Monarchism」と「City of Capitalism」

パリはナポレオン3世の帝政期である1853年から70年までの17年間に、行政官のジョルジュ・オスマン（1809〜1891、フランス、都市計画家）の手で一気にいまの都市風景がつくられた。ヴァルター・ベンヤミンの『パサージュ論』（岩波書店、1993）によると、暴動を鎮圧するための都市改造であったことが報告されている。都市は監視を要求することが、スタープラン（星形平面）による道路パターンで示されている。見通しのよい大通りによって都市組織が構造化され、街区立面にはオスマン・ファサードが貼り付けられている。

ニューヨークは20世紀初頭から29年の大恐慌までの30年くらいの間にスカイスクレーパーが林立する都市風景が一気につくられている。マンハッタン・グリッドの枡目の中で、資本の自由なふるまいによって都市が構築され、20世紀に世界中につくられる現代都市モデルとなった。それは「完全な土地私有と自由な市場経済」によってつくられた都市である。

この現代都市モデルという「都市類型」の存在に気づいたのは、『伝統都市2　権力とヘゲモニー』（吉田信之・伊藤毅編、東京大学出版会）という書籍の中で以下のように書かれていたからである。「現代都市とは、19世紀第3四半世紀に北米大陸において生み出され、大量生産・大量消費を基調とする資本主義世界システムとともに瞬く間に全世界に普及した都市類型である」。

そこには都市を特定する記述はなかったが、シカゴ学派から始まる都市社会学を知って、この「現代都市」という類型がシカゴだと気づいた。この「シカゴモデル」という都市空間装置によって人々の生活は支配され抑圧されている。建築を専門とする私たちは、さらに具体的にこの「都市類型」を記述することができる。

1871年にシカゴ大火という都市全体を焼き尽くす大きな火事があり、都市の再生が行われた。当時すでに鉄骨造と電動のリフト（エレベータ）が開発されており、それを用いてオフィスビルというビルディングタイプが発明される。オフィスビルが立ち並ぶ都市中心部と郊外の専用住宅地から成る都市構造が、19世紀末のシカゴで初めて登場した。この現代都市という都市類型（タイポロジー）の出現は当時の社会的事件だったようで、20世紀初頭のシカゴ大学に都市社会学という学問領域が生まれ、都市の同心円モデルが示されている。読んでいくと面白いのだが、その同心円の中に「どん底社会」とか「栄光に満ちた地域」といった記述が見られて興味深い。

この同心円モデルは、資本活動の結果として生まれる都市類型であり、理念を求める都市モデルではない。資本主義が支配する現代都市では、共同体が弱められ、社会の階層化を進行させ、毎日定時に通勤のため往復運動をする日常生活が強いられ、専業主婦というジェンダーが生まれた。女性と男性の役割が異なる社会がここで生まれるのだ。アーバニズムによって共同体が解体され、人々が経済活動の粒子になってしまうということが克明に報告されている。この現代都市という都市類型が20世紀に世界をおおい尽くしていくのであるが、レム・コールハースはその様相を「ジェネリック・シティ」と名付けている。

ヴェネチア・ビエンナーレの会場では、私たちが日常的に経験しているこの都市空間こそが人々を抑圧するものだという主張を伝えるために、日本館の壁面に「都市の公共空間は人々を抑圧する権力装置である」と書いた。

東京はもちろんこの現代都市という都市類型を示している。オフィスビルが立ち並ぶ都市中心部と郊外の専用住宅地がつくる風景があたりまえである。東京には無名の建築で構成されている木造密集市街地という都市組織が存在し、それが7700ヘクタールというひとつの都市を包含するほどの広さを持っている。この木造密集市街地は戸建て住宅を中心とする小さな粒の集合で、建物の平均寿命は26年ほどである。東京は26年で絶えず生成変化をしている不思議な都市なのだ。木造密集市街地は、災害などの東京の都市問題の最前線である。

私は横浜国立大学にいたときにこの都市組織を研究対象として、居住都市モデルの研究を行っていた。山本理顕も横浜国立大学で居住都市を研究していたが、それは「地域社会圏」という思想の塊のような新しい建築を志向するものであり、私は「社会環境単位」という建築そのものではなく領域型の都市更新モデルであった。それぞれ異なるアプローチで、都市の再生モデルを研究していた。

私の研究は木造密集市街地という都市組織の中を対象としていた。地域内の問題が集積する拠点を特定して、そこに共同体＝コモンズを育てる機能を付随した「路地核」と名付けた都市装置を挿入するというものだ。住む場所と働く場所を混在して近隣にアクセスできるコモンズを育て、しかも防災上有効な都市の在り方を提案しようとしていた。

そのころ取り組んでいた木造密集市街地で設計した集合住宅のひとつ「祐天寺の連結住棟」では、空間形式に透明な壁体を取り入れることで住人同士の視線が交錯するよう仕掛けて、共同体意識をつくろうとしていた。互いの視線が交錯し、気配を感じ、気配りを引き出すのが空間形式のスタ

「祐天寺の連結住棟」2010年

周囲の都市組織（木造密集市街地）に織り込み、内部にコモンの中庭を持つ

ディである。そして住人同士や近隣に接続するコモンズとしての中庭を都市組織に編み込む、そんなタイポロジーを考えていた。

法政大学に赴任して以降は、陣内秀信の影響を強く受けながら居住都市モデルの研究を継続している。東京の都市組織の中に見出されるすきまや空き地というヴォイドに注目して、その類型と組織化をヴォイド・タイポロジーとして研究しようというものだ。現代の東京では、寺社地の境内は江戸から継続するまとまりのある空き地をつくり、大きな囲い地であった武家屋敷跡は公園や学校などの公共用地に変わって都市機能に対応している。道路や路地、そして江戸から続く商店街や河川、暗渠、緑道などの線形の空地は、コミュニティと密接に関係している。そして、短期間でまるで光の明滅のように変化するコインパーキングなどの小さな空き地（ヴォイド）はコモンズを誘導する有効な都市細胞となる。つまりこの小さな空き地をコモンズに見立てて、それを抱き込む新

「祐天寺の連結住棟」平面

周囲の都市組織に織り込む。都市グレイン（粒）との連続性、路地や建物のすきま（境界）というヴォイドの連続性を検討している。ポーラスな都市組織がつくる微気候（木漏れ日、すきま風など）や視線の交差のスタディ

しい建築類型を開発しようとしていた。

モダニズム以降の定常型社会に向けて

日本の人口動態を見ると、古代から人口はゆるやかに増加して、江戸時代は増加しない安定した定常型社会となっている。法政大学総長の田中優子の著書を読むと、江戸時代は非常に豊かな生活がなされていたようで、「定常型社会」はひとつの豊かな社会モデルではないかと考える。20世紀になると産業化に伴い人口が急激に増加する。人口増を受け入れる社会があったから人口は増加したわけだが、この急激な人口増という異常な状態が「近代化」だったといえるのではないか。そして２０１０年あたりをピークに漸減し始めるが、これは近代という時代が終焉し、新しい世界になりつつあることを示している。

ヨーロッパの人口動態を見ると、日本より早く産業革命以降に人口が増加している。法政大

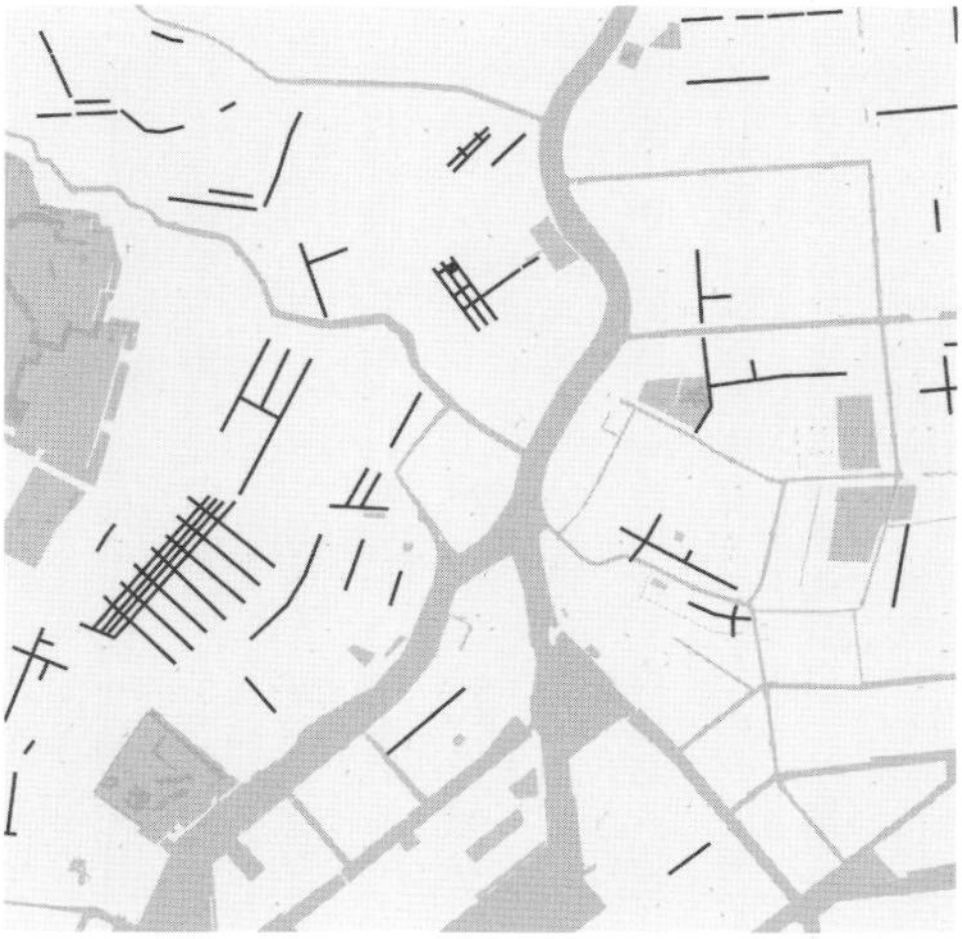

ヴォイド・タイポロジー

東京という都市は建物という実体は継続していないが、江戸時代からの都市組織を継承した以下の都市構造を読み取ることができる。江戸の武家屋敷や寺社の境内など大きな空き地が数百年にわたり残されている「面的ヴォイド」、地形に基づく谷道や尾根道、河川やその暗渠、崖線など線形の空き地が都市要素として現れる「線形ヴォイド」、独立建物で埋め尽くされているために目まぐるしく建替えられる「粒状ヴォイド」である

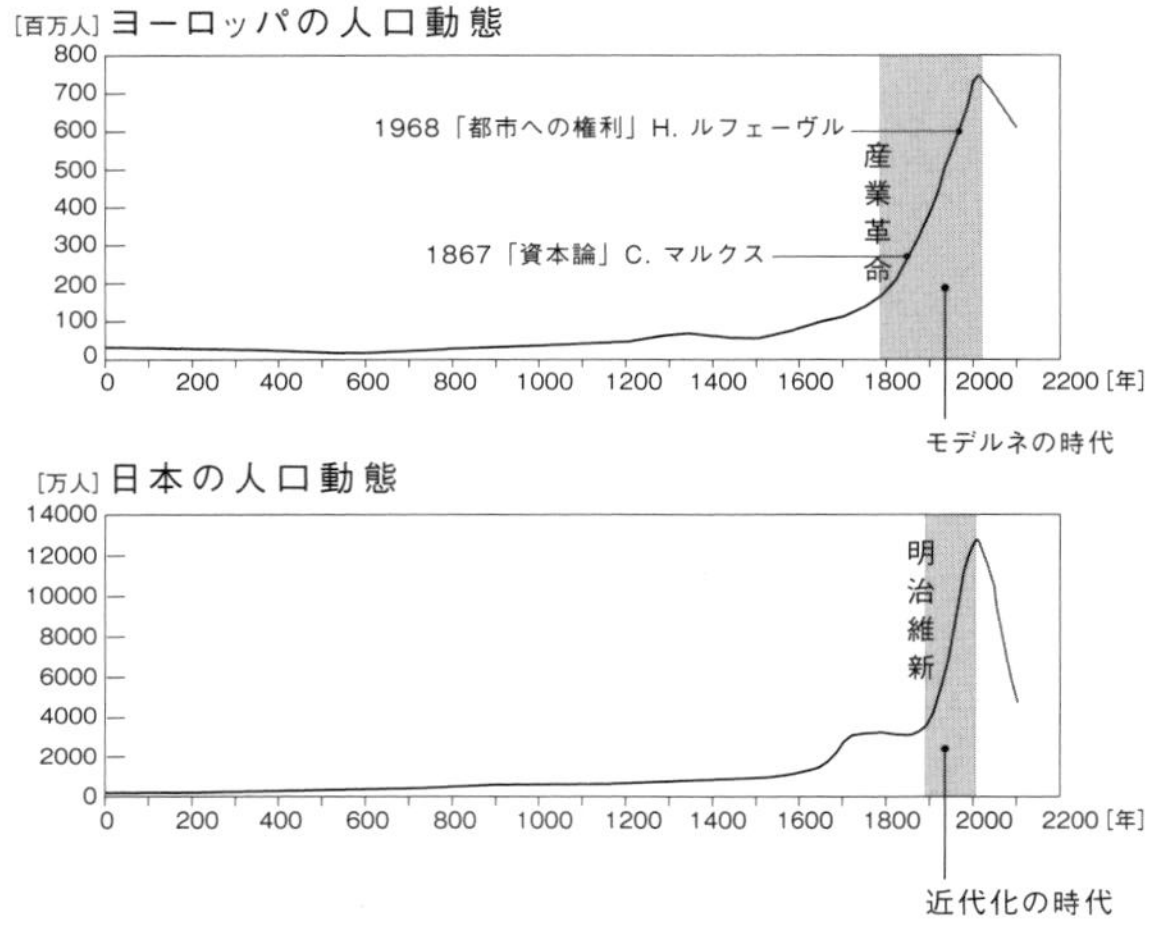

人口動態の変化

現代は産業革命以降の近代化によってつくられた文明の変異である人口動態の特異点のなかにある（筆者作製。参考：「国連世界人口推計2012年版」、テリー・G. ジョーダン『ヨーロッパ文化』1988、「日本の将来推計人口（H29）」国立社会保障・人口問題研究所、『人口統計資料集』国立社会保障・人口問題研究所、鬼頭宏『図説人口で見る日本史』PHP研究所、2007）

学の経済学教授である水野和夫（1953〜）の『資本主義の終焉と歴史の危機』（集英社）によると、資本主義は12世紀の北イタリアの都市から始まり、近い将来、現在のような金融資本主義は終焉するのではないかと書かれている。さらに、ユルゲン・ハーバーマスは19世紀の中ごろが「モダン（近代）という時代」の初めであると書くが、近代という時代における資本主義と人口動態は密接に重なっているのだ。そして「モダニズム」という建築運動は、産業化や都市化によって社会が膨張、拡大する時代に対応する建築の思想なのだと理解できる。

都市部の流入人口で見えづらくなっているが、ヨーロッパも現在は人口が減少し始めている。東京大学で都市デザインを研究していた西村幸夫（1952〜）と2017年に『建築雑誌』で対談した際、都市型社会になったところは世界中どこでも出生率は2・0を割るのであるが、21世紀は都市人口が全人口に占める割合は7割を占めるようになり、この都市型社会においては人口が減少するということが示された。

広井良典の『定常型社会――新しい「豊かさ」の構想』(岩波書店)には近代以前の共同体のモデルが描かれている。伝統的社会のコモンズは、産業化、市場化の時代のなかで解体されてパブリックとプライベートというソーシャル・セクターに分割される。それは経済活動を有利に進めるためであり、それが終了したときに新しい「共同体＝コモンズ」という社会組織が生まれ、定常型社会に移行するのではないかと観測している。つまり、私たちは定常型社会に還る「とば口」にいて、現代とはそういう時代ではないかということである。

日本においては私たちが生きる現時点が人口動態の臨界点である。つまり人口が急激に膨張し、急下降するという特異な山頂である。人口が急増する時代は、住宅は人口再生産装置として重要な社会的要件であり、プライバシーの高い「一家族一住戸」が求められていた。都市は経済活動のために都合のよい「現代都市」という都市類型に改変されたのだが、そこに大きな軋轢が生まれ、20世紀中葉には都市の問題が顕在化していた。この時期に多くの都市論が提示されているのは、そのためである。

西村は、飛行機は着陸時に最も事故が多い事実を引き合いにして、人口が急減する社会の困難さに言及していた。そのためにこれから縮減する社会に対する新しい都市論が要求されている。上昇ではなく、下降するときの論理が必要であるということなのだが、広井が示唆する「新しい共同体を創造する空間」にヒントがあるのではないか。広井による個人、共同体、自然の関係を表す三角形のダイアグラムがあるが、それは個人は共同体に包含され、共同体は自然に包含されるという至極あたりまえの図である。西洋における、都市とは自然環境から離脱した人工環境であり、自然と対抗するという概念とは対照的なダイアグラムである。

資本主義の進行のなかでは個人は共同体から切り離され、社会のなかで孤立していく。これが現代社会である。この切り離された個人、共同体そして自然を、再び接続させて社会に着陸させるための空間構造が求められているのではないか。それはまさに陣内が提唱する「テリトーリオ」という場所概念なのではないかと思う。

民兵としての建築家――グローバリズムの先の建築家

1960年に丹下健三が東京湾上に壮大な都市モデルを提案している。海上というコンテクストのないタブラ・ラサ（白図）に構想された都市である。しかし、私たちがこれからやろうとすることは、コンテクストの濃密な既存の都市組織のリサイクルを目指している。槇文彦の『残像のモダニズム――「共感のヒューマニズム」をめざして』（岩波書店）の中にある「漂うモダニズム」という論考には、「1970年代にモダニズムという大きな船がなくなり人びとは海に投げ出された」という記述がある。さらに同書では、漂うモダニズムを経たグローバリズム以降の建築家の職能のあり様を「軍隊」と「民兵」という言葉で表現している。野武士の次は民兵かというところだが、軍隊と民兵というように、それだけ社会構造が分かれてしまったということなのだ。

つまり、都市をつくる主体が変わっていること、それはもはや建築家ではないことを示している。槇から「君たちは民兵だ」と言われて不満を漏らす若い建築家がいたが、私は彼らに対して「民兵は自分のアタマで考えて行動する。軍隊は命令に従うだけで思想がないんだよ」と言った記憶がある。槇は、これから先の希望として「共感のヒューマニズム」という思想と、「アナザーユートピア」という手法を示している。アナザーユートピアとは、居住都市の都市組織となる新しい共同体をサポートする空間である。建築家はそのための建築類型を探求しなければならないと考えている。

2 「建築の問題群」の所在

概念としてのパッラーディオとムラトーリ

日本建築学会の建築論・建築意匠小委員会から招待を受けたシンポジウム「建築論の問題群」のアジェンダに「自律性」と「他律性」というキーワードがあった。それはそのまま「作品性」と「社会性」という言葉に置き換えられているようである。私はそれをさらに読み替えて、〈パッラーディオ〉と〈ムラトーリ〉という概念として用いて説明するのだが、それは『建築史への挑戦――住居から都市、そしてテリトーリオへ』（陣内秀信・高村雅彦編著、鹿島出版会）の中の論考でも使ったことがある。これはイタリア建築・都市史の専門である陣内秀信の退任講演の寄稿文であったのだが、歴史を専門としないからこそ使える比喩であることは自覚している。例えば、パッラーディオの建築は「理念の塊」として自律するために都市組織に組み込むのが困難であり、そのためヴェネチアの本島に作品を残すことができなかったことを参照している。パッラーディオの建築作品集『建築四書』を見ても、周囲の環境は記述されてはおらず、さらに敷地環境で変形を受けた建築の図面にもその痕跡を表記していない。それはパッラーディオが建築を世界認識のイコンとしてとらえていたからではないかと思う。一方、巨視的な眼で見れば、パッラーディオが提示した「ヴィッラ」という建築形式は荘園を営む都市貴族の館の理念モデルとして登場したもので、物理的コンテ

ル・コルビュジエ「サヴォワ邸」1931年

パッラーディオ「ロトンダ」1567年

クストはないが社会的コンテクストのなかに登場している。それはつまり、まったく環境から切り離されて自律して存在しているのではなく、社会との関係性によって建築空間という実体が組み立てられているのだ。さらに言えば、パッラーディオの建築の中で異色な系譜となるテアトロ・オリンピコは、既存の建物の中に古代ローマ風の円形劇場が挿入された空間形式で自律性と他律性が二重構造となっていて、自律性だけで生み出されたものではない。

20世紀の初頭、ヨーロッパにおけるモダニズム運動では、建築は「思想の塊」として構想されている。そのためパッラーディオの建築のように、モダニズムの建築も自律するフリースタンディング・オブジェクトとして出現する傾向を持つ。ル・コルビュジエの建築は周囲とは関係なく宇宙から降りてきたようなドローイングとして描かれる。コーリン・ロウが指摘するように、そこにパッラーディオの建築との関連がうかがえるのだ。ロウは『コラージュ・シティ』

の中で「オブジェクトの危機＝都市組織の苦境」という章を設けて細述しているが、合理的な建築はフリースタンディング・オブジェクトになるという命題を論証し、近代建築による都市は脈絡のない単体建築の集積となっていると指摘している。もちろんロウはムラトーリの都市組織という都市理論を背景に観察している。織物のように連続する都市組織の概念と、それを構成する建築類型という考え方である。当時はポストモダニズムをサポートする理論として援用されたが、さらに現代では近代を乗り越える都市理論として有効だと考えている。

日本では1970年代から80年代にかけて好調な経済環境を背景として、当時の若手建築家たちが〈小さなパッラーディオ〉のような単体建築を多数生み出している。それを槇文彦は「平和な時代の野武士たち」と名付けているが、それは周辺環境と無関係に自律する自閉的な建築であったり、周囲とは関係のない饒舌な建築であったりした。このような自律する建築のトレーニングをした建築家たちは、新自由主義経済に飛び込む90年代には、巨大なアイコン建築を生産するようになる。写真メディアに取り込みやすいこのアイコン建築は、情報として社会にあふれ出し、スターを登場させた。大学のスタジオでもこのようなアイコン建築をトレースする設計教育が行われ、差異化された新奇な形態言語の開発がさかんに行われていた。この時代に教育を受けた世代がいまは50歳前後、社会の中核となる建築家たちである。

ロウの言う「オブジェクトの危機＝都市組織の苦境」は、第2次世界大戦後のヨーロッパで資本主義経済の進展によって、都市が破壊されるという深刻な状況を受けて描かれたものである。その状況に対する直接的な言説は、50年代のイタリアのムラトーリの都市理論に始まる。60年代にはアルド・ロッシの『都市の建築』やハブラーケンの『The Structure of the Ordinary』によって、建築家が主題としていた「自律するオブジェクト＝モニュメント以外の、都市の大分部を占めている都市組織（アーバンファブリック）」という論点が提出されている。

槇文彦の「Another Utopia」（『新建築』2015年9月号）という小論では、モダニズムが求めてきた自律するオブジェクトとしての建築が切り取った余白の空間（ゲシュタルト）にもうひとつのユートピアを定義する。そこでは、槇が60年代に提出していたグループフォームという概念を召喚しているように思える。それは、ヴォイドを抱き込んだネットワークとしての建築で、メガフォームに対置して示されている。建築の主題は〝オブジェクト〟そのものではなく、その関係性をつくる〝in-between〟であるというものだ。建築の問題群の所在は建築単体にあるのではなく、その建築の集合がつくる地域や都市の問題であり、さらには建築と建築の間にある外部空間の問題である、という流れが概観できる。

「脱建築」あるいは「非都市」

空間の「問題圏」をつかもうと思うのであれば、（中略）なによりもまず「近代」世界そのものに目を向けなければならない。そしてこの近代世界を、資本主義と近代性という二重の側面でもってとらえなければならない。この二重の側面のために、近代世界ははっきりとは見えなくされているのである。

（アンリ・ルフェーヴル『空間の生産』斎藤日出治訳、青木書店）

アンリ・ルフェーヴルは『空間の生産』の中でこう記述している。『空間の生産』は1974年に出版されているが、そこで「近代」という世界が問題の素因であるとしている。これはこの時代に資本活動によって、都市や自然環境が壊されていくことが明らかになっていたからだと思われる。

「近代」とは、ヨーロッパにおいて市民革命と産業革命を経て生み出されたモダニティという社会生活や社会組織の様式であるとされる。モダニティという概念はヨーロッパで生まれ、産業化に伴う科学的・社会的進歩を基調とするもので、民主主義と資本主義という社会システムを内包する文明である。「近代」という世界は産業化によって人々の生活様態を大きく変えた。都市に労働者が集積し、近代以前の政治都市や交易都市は、産業（資本活動）都市に変換、巨大化され現代に至る。

「現代都市」という類型は19世紀末の北米に生まれた。ニューヨークはその代表であるが、1871年のシカゴ大火のあとの復興期に都市中心にリングという鉄道を設け、その中にオフィスビルを建設したシカゴが世界初の「現代都市」といわれている。中心部にはルイス・サリヴァン（1856～1924、アメリカ、建築家）などのシカゴ派による鉄骨造の高層オフィスビル、周縁部（郊外）にはフランク・ロイド・ライトの住宅という社会機能に対応する明快な要素で都市が構成される。この現代都市問題を研究する学問として都市社会学が20世紀初頭に登場し、有名なバージェスの同心円都市のダイアグラムが提示され、市場経済に委ねる都市の様態が明らかにされている。

産業化された社会は資本の余剰を生み、人口増が可能となった。モダニズムという建築は産業化や都市化、そして社会が膨張、拡大する時代に対応する建築の思想だったのではないか。日本では明治維新後にヨーロッパの社会システムを導入し、近代化というヨーロッパ文明化が行われ、人口が急激に増加する時代を迎える。

気がつくと、ロウが指摘したように現代都市は自律した単体建築の集積となっている。20世紀に開発されたフリースタンディング・オブジェの建築は、政治的または資本権力の表象行為に利用されてきた。そして、自律する建築は都市の中でシンボルとして存在し、そのシンボルが指示する情報やメッセージは都市空間で生きる人々の行動や精神を抑圧する可能性をはらんでいる。90年代に新自由主義を背景にする資本の暴走が始まるのだが、その時代の建築は資本という権力を標示するアイコン建築として現れていた。シンボルとしての建築を企図する投資家に向けて建築は生産され、建築は資本の表現=商品として現れる。現代都市は単体建築=商品の集積となった。

しかし、建築とは、本来的に、または希望として、社会から共感されて初めて価値を持つハードウエアである。そして社会的存在としてヒトとヒトの間にある"in-between"として定義でき、社会制度を標示する装置として認識されるのだ。だからこそ、人々の「活動を解放」すると同時に「行為を抑圧」することもできる。建築とは私たちの生活に密接に関係する「社会関係資本」といえる。それは、社会から切断された私的領域ではなく、社会で共有する公的領域に属する資本なのだ。次代をつくる学生たちに何を教育できるのか、そんな建築の存在について議論したい。

日本では、2010年あたりをピークに人口の急激な縮減が始まっているにもかかわらず、私たちは人口減少社会に対応する都市や建築の理論を持っていない。現代の都市と建築は、モダニズムという拡張拡大の思想ではなく、来るべき定常型社会を支える論理が求められている。そこでは、ヨーロッパに始まる資本主義という社会システムを基調とする「近代」をいかに相対化し、そしてその資本活動に対応するハードウエアとしての「現代都市」とは異なる都市像を構想できるのかが問われている。それは、近代社会が措定した「都市」という建築の集合形式を止揚して、都市ではない「非都市=ムラ」を表現する「関係性の建築=in-between」という発明ができるのかにかかっている。そこに現在の「建築の問題群」の所在があると考えている。

3　都市デザインの作法

実験都市、横浜

「横浜」は都市形成が読み取りやすいので、「都市」を学ぶ者にはわかりやすいサンプルである。1859年に開港するまでは戸数100余りの漁村で、ここ160年ほどの時間のなかで白紙の状態から都市形成がなされ現在もその記録が残っているので、近代の実験都市として読み取ることができるのである。68年の明治維新は、それまでの封建制度による社会システムをヨーロッパ文明のものに変更するという大きな転換点であり、それを「近代化」とする。横浜はこの新しい「近代」という社会システムだけで形成され、日本の大都市としては江戸のコンテクストが入らない特異な都市なのである。そこに、アメリカ大陸の植民都市と似た都市形成を読み取ることができる。

横浜は近代都市としてスタートしているので、当初は港湾都市、明治後年には工業都市として都市計画が行われた日本の近代産業を牽引していく都市であった。しかし、1923年の関東大震災、その22年後の45年の横浜大空襲で中心部はほとんど壊滅し、その後は首都圏の重要な港湾だったこともあり、本土においては米軍の接収が最も長く続いたため、現在の横浜の都市風景は60年代以降の都市行政によってつくられている。その施策は戦後の急激な人口増や都市の膨張をコントロールしながら発展させることが目指されていたが、20世紀末には人口の減少が明らかとなり、都市の縮減に向けた提言が行われている。横浜という都市は、160年余りのコンパクトな時間のなかで都市変化の様相を観察できるユニークな実験都市なのだ。

「プログラム」と「パラダイム」

横浜の都市形成が北米の植民都市に類似すると書いたが、コーリン・ロウの論説「プログラム対パラダイム」に登場するテキサス州の州都オースティンの都市計画と重なるものがある。オースティンは1839年に何もなかった土地が州都として選定され、人工的に計画された植民都市の特徴であるグリッドパターンでつくられた都市である。この論考は初読のときは難解だったのだが、再読してみると都市という生活実態の分析と同時に、客観的な視点として「プログラム」と「パラダイム」という概念が相互に重なり合うように記述される文章構造となっていることに気づいた。生活実態としての都市の記述は以下の通りわかりやすく描写される。オースティンは、測量技師がひいたグリッドの上に、諸々の都市的な要素が、合理的に付置されている。アメリカ大陸の植民都市の多くに見られるユートピア的な都市計画の模倣なのである。

中央の正方形の広場は立法府の所在地で、その周りには独立した行政府の多くの省庁がグループ分けして配されている。4つのアヴェニュー（大通り）は、この中央広場に収斂されるように配され、その結果4分割された地域には、それぞれ

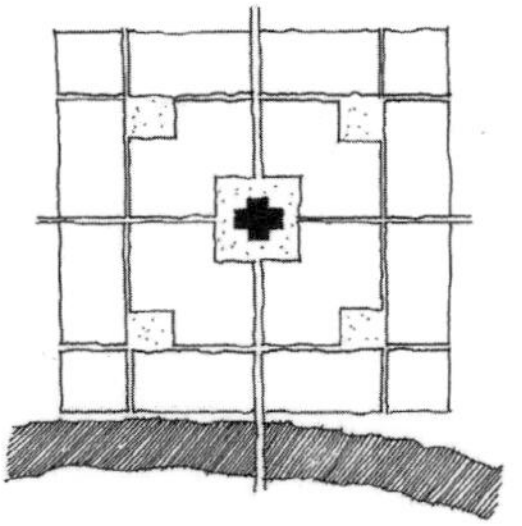

アレギザンダー・カラゴンによるオースティンの都市ダイアグラム

公共の空間が用意されている。これが、大よその全体像だ。

（コーリン・ロウ『コーリン・ロウは語る』松永安光監訳、鹿島出版会）

これを横浜市に置き換えてみると、横浜市は1859年に人工的につくられ、外国人居留地として近代都市計画が行われたということで、日本では唯一ヨーロッパ文明に始まる植民都市の系譜を持っている。植民都市の特徴は、グリッドの道路パターンと都市中央にある方形の大きな中央広場の存在だ。一方、横浜の中央広場はもともと遊郭だった場所で、大火の延焼を防ぐために公園化したもので、その後は野球場が建設された。ヨーロッパと日本の中央公園というパブリックスペースに対する考え方の文化的差異が興味深い。このように実体としての都市の様相は記述できる。

そこで「プログラム」と「パラダイム」であるが、これは科学的思考プロセスの違いを表現している言葉で、プログラムは科学的合理性のあるプロセスであり、パラダイムは限定された理論的枠組みのなかのプロセスとされる。形而上学では対抗する概念なのだが、ロウは、それを植民都市の都市形成のなかで引用する。植民都市は単純なグリッドで構成され、そこに都市要素が付置されている。

ロウは明言してはいないが、北米の植民都市から始まるグリッドに表現されるユートピア的な都市像の、その背景にピューリタン的な理念を持つ都市構成に「プログラム」をあて、それに対して、ヨーロッパ大陸にある歴史の積層のなかでつくられた動かしがたい記憶の塊としての都市の、生活実態から生まれた事実として存在する都市様相に「パラダイム」という言葉をあてているように思える。つまりアングロ・アメリカとラテン・ヨーロッパの文明比較、宗教や形而上学的な推敲が存在している。「プログラム」とは、機能的配置計画で都市空間が一義的に決定される操作であり、そこには人間からの動作は存在しない。それに対して「パラダイム」は人間の諸活動の全体性を包含する状態である。諸活動の状態には、人間相互の関係性から生まれる都市空間への作法が存在している。そして、論考の終わりに、自ら提示したプログラムとパラダイムという対立項に対してどちらにも不満を表明し、弁証法的跳躍として類型学的アプローチを暗示する。その論理展開に重ねて実体としての都市であるオースティンという都市を素材にしていることがわかる。

オースティンは植民都市のグリッドから始まるのであるが、ロウは「予期せぬ圧力とエネルギーの蓄積によって歪められ」、その結果として「ルネサンス期の理想都市の発育遅れの子孫」のようであると表現している。それを「計画案なきプログラム」という言葉を使って説明するのであるが、都市形成過程において予期できない「出来事」によって都市空間に歪みや変形が起きることを評価して、「この計画案なきプログラムは多くの問題――〈事実〉の形成と〈歴史〉の形成、〈自然〉に対する〈文化〉、宿命に対する自由意志――をはらんだトピック（出来事）である」と記している。横浜はオースティンと同様にグリッドパターンからスタートし、工業都市として合理的、合目的都市に形成されていくが、関東大震災、横浜大空襲という破壊と再生のなかで上書きされ、そこに予期せぬ意思が働く。そのなかでロウがオースティンで観察した「計画案なきプログラム」という都市要素が生成されていく。それを俯瞰してみよう。

「アーバンデザイン」と「都市《まち》づくり」

都市デザインの歴史のなかに「都市美」という言葉がある。19世紀末、米国の「City Beautiful Movement（都市美運動）」から生まれたものだ。米国の都市の多くは18世紀からの植民都市をルーツにするが、それはオースティンのように単純なダイアグラムで表記される「中央に正方形の広場を持ち、広場の周囲に公的な諸施設が配置され、グリッドに区画された私的領域は自由と平等を表象している」ものである。19世紀の産業化で都市への人口集中が起こり、基盤としてのグリッド状の都市構造に資本の配列が行われ、そこでは都市は「資本のゲーム盤」のようにみなされる。20世紀初頭、初期シカゴ学派（都市社会学）が観察した米国の都市は「土地の私有と自由な不動産市場」によって形成された。市場経済にゆだねられた都市のあり様が「現代都市」であり、その形成過程で経済的合理性の圧力が強くなるとき、親密圏への希求や場所への愛着を求めて、ヨーロッパ都市の持つ歴史的都市要素へのファンタジーが生まれるのではないか。そこに、「都市美」という概念が導入されるのだ。

資本のなすがままに形成される「現代都市」は、経済効率が優先されるため冗長な空間は排除され、合目的的に空間配置が決定されるために多様性が欠落する。資本は短期的利益の最大化を目指し、資本の分布でつくられる都市はその強い力によって配置の最適化が起こり、どこでも同じ都市風景になる。それに対してラテン・ヨーロッパに見られる歴史的都市では、象徴性や歴史的堆積が多様な意味を与えるために、重層的な奥行きを持つ。近代以前の都市は宗教や政治的権力の表象が目されているために、美学的空間構成が現れるが、一方で公的領域の力の偏在から空間は歪められ、抑圧の構図を伴うのである。

１９５０年代のアメリカ東海岸では、この「現代都市」の中で、人間にとって豊かな都市空間を生成するために資本の動きを制御し、市民サイドに了解を求める民主的な都市操作概念が生まれる。そこで都市空間に美学的要素を導入するアーバンデザインという領域をつくりだしていた。60年ごろには日本でも、このアーバンデザインという概念は理解され、戦後復興のために機能再生だけでつくられていた都市に対して、時間概念を組み入れた独特の都市デザインの手法が構想されていた。横浜は、米軍による中心市街地の接収が解除された60年代当初、山下公園以外の港湾地域は工場や倉庫などの産業施設に埋め尽くされ、同時に郊外は膨張する東京のベッドタウンとして乱開発が進んでいた。行政区としての横浜市は、戦後の高度経済成長期の「資本のゲーム盤」として、資本のなすがままに開発されていた。63年の飛鳥田一雄（1915〜1990、横浜市長）による市政から現代につながる都市の構想が始まるのであるが、浅田孝（1921〜1990、都市計画家）の環境開発センターがこの「都市づくり」に参画したことで、半世紀におよぶ横浜市の壮大な都市構想が描かれたのである。横浜市から委嘱を受けた環境開発センターは64年に6大事業を提案し、65年には市から「都市《まち》づくり将来計画の構想」が発表されている。その6大事業とは1．都心部強化、2．金沢地先埋立事業、3．港北ニュータウン建設事業、4．高速鉄道（地下鉄）建設事業、5．高速道路網建設事業、6．横浜港ベイブリッジ建設事業、である。

60年代、都市化の進行のなかで横浜市は急激な都市膨張をしていたが、それを抑制するのではなく、その方向を制御することで乱開発の進む都市を誘導しようとする。それは、6大事業を上位に位置づけることで都市の未来の姿を構造化するもので、ゴールは半世紀後が設定された。都市をデザインすることは短期的な構想ではなく長期的な視座が重要であることを示していた。現在から顧みると、この50年という時間は少子高齢社会を迎える日本の将来を包含しており、都市構想の時間的なスケールを了解することができる。6大事業は、資金源や開発地が国や民間であったので必ずしも市が主導権を持てるものではなかった。しかも、大規模プロジェクトであったために市の担当部署も多岐にわたる。そこで、プロジェクト推進のために、68年に行政組織を統括する企画調整室を設置し、室長には環境開発センターから田村明（1926〜2010、都市計画プランナー）

が招聘されている。このように行政システムから変えてしまったことは画期的であった。

そして、これも浅田孝からの提案だと思われるが、横浜市では65年に「都市美」にかかわる条例が施行され、実行組織として横浜市都市美対策審議会（略称・都市美審）が設置される。それは市長の諮問機関として、建物や街並みの美観、デザインなどを審議するほか、「景観法」などの景観ルールを決定する強制力のある機関である。日本の多くの都市は市場主義のなかで、戦後の都市形成が行われるのであるが、横浜市の「都市づくり」は「都市美」という都市へのファンタジーが持ち込まれていることが特筆できる。さらに、６大事業という鳥瞰的スケールの都市構造とともに、その計画を実体化する過程では、都市軸という人間の視線が大切にされていることも重要である。このような独自の都市デザインの作法は、50年代半ばから急激に膨張し拡大する東京というメガロポリスに対し、自律する横浜という都市アイデンティティが必要であるという思想が存在していたことを示している。

横浜は、先述の６大事業によって都市の膨張を方向づけるのであるが、その六つのプロジェクトの事業主体は必ずしも横浜市ではないにもかかわらず、多様に異なるプロジェクトに「６大事業」というネーミングを与えることで、横浜の未来の到達点を共有することができている。その背景には互いに連携し、構想された未来の横浜を誘導する思想があったのだ。

ミニアーバンデザイン

さらに、１９７１年に設けられたアーバンデザインチームによる「都市デザイン室」が、この６大事業を進めるなかで発生する小エリアの開発に介入し、その方向づけを行う手当が細やかに行われていた。それはミニアーバンデザインとして知られているが、元町商店街や馬車道のストリート開発、大通り公園、伊勢佐木モールなど、都市デザイン室のメンバーがファシリテーターとして参画し、地域の自主性を尊重した街づくりを進めていた。その成果として横浜の街はまるでパッチワークのように、キャラクターによって色付けられた多様な体験ができる都市となった。それは近代がつくるホモジニアスな都市ではなく、ロウが描写するオースティンという都市のイメージと重なる。

前述のロウによる「計画案なきプログラム」とは、総体として統合された都市ではなく、例えば、横浜の馬車道や元町というイメージアビリティの高い類型的空間がコラージュされて集合された都市イメージなのではないかと想像できる。ロウは、オースティンの街を以下のように愛情を持って描写する。

テキサス州オースティンは玩具のような特質をいくつかもっている。この町から派生したとも考えられる(中略)町に比べると、ずっと雄大で、あまり慎ましくはないが、それにもかかわらずオースティンは、これらの町とともになお多くの魅力を見せているのだ。その魅力は、レヴィ＝ストロースに言わしめれば、私たちがミニチュアや模型の中に認める、多くの特質と同様のものなのだ。(中略)しかし、これらすべてのことを考慮しても、この町が簡単に忘れ去られてもよい町というわけではないのだ。オースティンは未成熟であり、ほとんどのところ都市スケールに拡大された、まるで巨大なドールハウスのようなものといえよう。だから私たちは、その中で遊べるような気がするし、さらに、遊び疲れたら片付けてしまうことさえできるような気がするのだ。確かに、パラディオのテアトロ・オリンピコ（これ自体もミニチュアだ）にみる透視図的な景観のように、オースティンには人々を夢中にさせ、また虜にするようなパワーがあるのだ。良くできた玩具やミニチュアがそうであるように、町の主目的に応じ、最大限の効率で機能していて「最も重要な部分」を誇示し、また都合よく他の部分を抑え込んでいるのだ。これは、最も効率の良い舞台の一つであり、舞台前方のプロセニアムによって、力強く縁取られているのだ。

（コーリン・ロウ『コーリン・ロウは語る』松永安光監訳、鹿島出版会）

それは、日本で最も都市デザインが成功した都市として知られた横浜の描写にも通じる。横浜の都市デザインは、「視点場」と「都市軸」というバロック的手法が用いられていたことが特徴的である。都市計画を鳥瞰的視点で行うだけでなく、地面を移動する人々の経験や視点も考慮しているのだ。もちろん視覚的効果だけで都市が構成されているわけではないが、それは都市空間の中の補助線のようになっており、劇場的都市という配慮が行われている。だからここを訪れ、経験する人は、横浜を象徴する光景に思いがけず遭遇する。それを統括していたのが都市デザイン室であり、「都市美審」による建物や街並みのデザインがコントロールして創造された都市景観である。

私も80年代に横浜国立大学の研究室で横浜市からの委託を受けて「ヴィスタ・コリドー」という調査研究を行っていた。それは都市内に設けた視点場から、ヴィスタ・ストップとなる象徴的景観が見えるように、中空に長大な虚空を設定するという研究である。コンピュータシミュレーションがいまほど発達していないなか、都市のヴォリューム模型をつくってソリッドをえぐり取るような操作を実験していた。これはヴォイドスペースのシステムといえるのだが、このような研究成果が、見えないデザインとして横浜の中に埋め込まれている。

このように横浜の都市デザインは65年の「都市づくり将来計画の構想」に始まるが、その全容が姿を現してきた2005年に日本土木学会特別賞、06年にグッドデザイン賞金賞を、横浜市という行政体が受賞している。先述の6大事業による構造的な都市の誘導と、修景的なミニアーバンデザインが重層する都市デザインの作法によって生み出された都市景観が評価されたのである。

「創造都市」と「海都横浜」

20世紀末には拡張拡大する社会の終焉が見えてくる。6大事業は、膨張する都市を前提とした構想であったため、計画の綻びが生じ始めていた。みなとみらい地区の多くのブロックは事業者が誘致できず一時は花畑になっていた。そのため1980年代後半から、都市デザイン室の北沢猛（1953〜2009、アーバンデザイナー）を中心に横浜の市街地を再生する試みが行われ、88年の「横浜デザイン都市宣言」、89年の「都市デザイン交流宣言」という

ヴィスタ・ポイント（視点場）とヴィスタ・コリドー（眺望）

ナビオス横浜（下）の計画で横浜市は汽車道から赤レンガ倉庫の視線を確保するために建物に公的開口を求めた

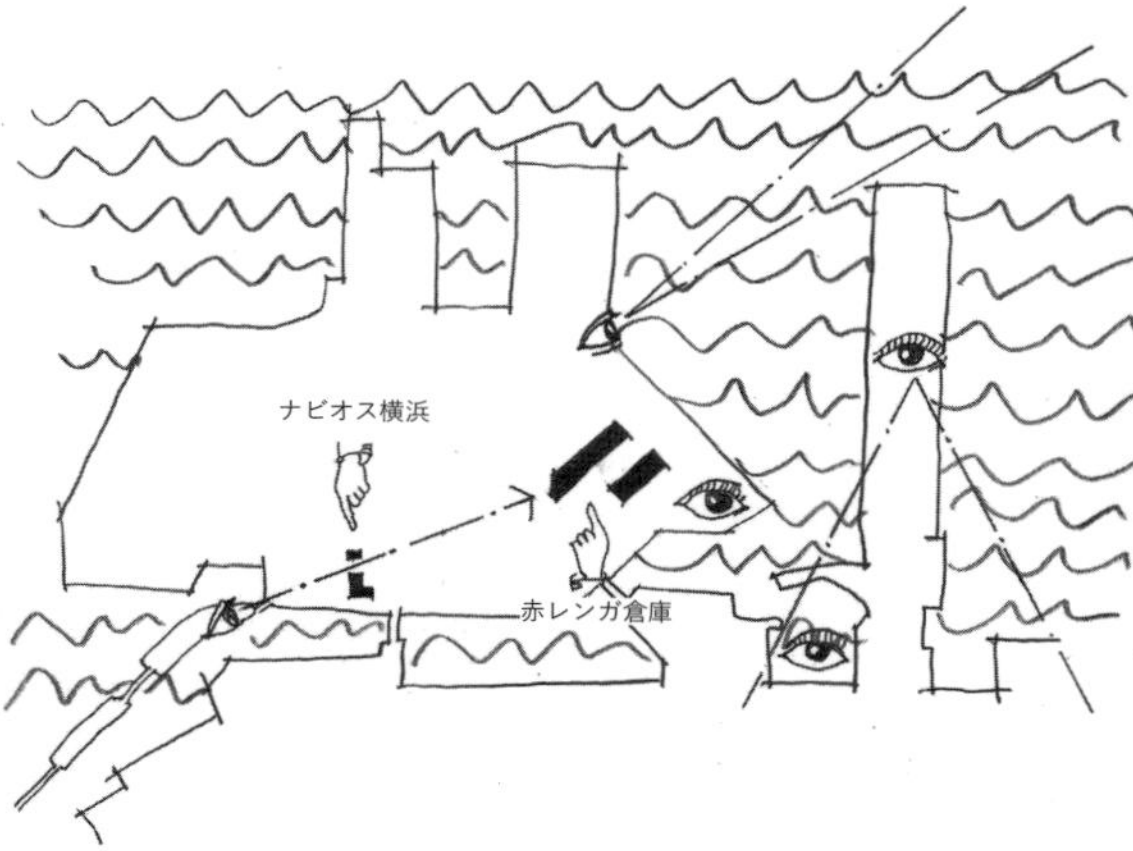

一連のマニフェストが提言されていた。92年にはそれを受けて「ヨコハマ都市デザインフォーラム」が開催され、大きなパラダイム変換に対応する都市構想が提案された。同フォーラムでは、横浜の内港水面を囲む港湾地区に「アーバンリング」とタイトルされ未来都市構想が提示され、それが2004年に始まる「創造都市」構想につながっている。

「創造都市横浜」では創造性こそが都市の未来を拓き、文化芸術と経済活動を両輪とした魅力ある都市づくりのための構想であるとして、「創造界隈形成」「ナショナルアートパーク」などの戦略プロジェクトが示された。「創造界隈形成」とは、既成市街地とウォーターフロントを縫い込みながら、畑を耕すように創造的産業を育成するもので、場所と人を「創造」という多種多様なトピックスによってネットワークすることが目論まれていた。それは当時、横浜の中心市街地にある歴史的建物が不動産開発の圧力に晒されており、それらが取り壊されないように、創造的産業の拠点として再編しようという試みでもあった。一方の「ナショナルアートパーク」は港湾地域にある広大な国有地を、創造的活動に使えるパブリックスペースに変換しようという、まさに国に対して自治体が仕掛ける政治的戦略であった。

この創造都市構想の契機は、01年に開催された第1回横浜トリエンナーレだが、前後して馬車道にあった旧富士銀行横浜支店(東京藝術大学大学院映像研究科を誘致)と旧第一銀行横浜支店を活用する「BankART(バンカート)1929」プロジェクトを実施(その活動本拠地は05年に日本郵船の倉庫に移転)など、戦略的な創造界隈形成が行われた。一方でこれら中核施設周辺にある古い空き倉庫や空き事務所は若いクリエーターやアーティストのオフィスやアトリエとするように誘導した。

05年には、横浜国立大学大学院Y-GSA設立の契機となったサテライトスタジオを旧帝蚕倉庫ビルの北仲WHITEに設け、その後07年には創造都市界隈形成に参画して馬車道地区にY－GSAを開設した。アーティストや著名な建築家たちも作業場を移してきていた。それは、都市再生の成功事例として有名な、ポートランドのパールディストリクトとほぼ同時期に、同様のコンセプトで行われていた先進的な都市再生の試みであった。

09年、「創造都市」をさらに展開する「海都《うみのみやこ》横浜構想2059」が提出されている。それは次なる50年を見据え、「ヨコハマ都市デザインフォーラム」で提出された「アーバンリング」というアイデアを用いて、「創造都市構想」をインナーハーバーという直径4～5キロメートルの内港水面を囲む港湾地区全域に展開するという壮大な構想であった。対象面積3200ヘクタールに11万人が居住し、36万人が新しい創造産業に就くというものである。21世紀以降、産業構造が急激に変化し内港の港湾施設の利用度は低くなっている。このインナーハーバーを囲む埠頭群に未来都市を提案する。それは、多様なキャラクターで色付くアーキペラゴのような、豊かな水際都市を構想するものであった。

「現代都市」と「類型学的都市」

現代の都市は「保留床」という余剰の床を原資として都市開発を行うため、巨大開発になる傾向がある。どのような都市にしたいのかという理念のない都市は、短期的利益の最大化を求める資本のゲーム盤のようにつくられる。この資本の利益最大化の欲望には、資本の再配分のために公共がルールを設けて制限をかける必要があるのだが、新自由主義経済による都市経営では、政治・経済が癒着するため、制限を外す方向に向かう。同じような施策を行うアジアの各都市は、どこでも同じジェネリックな都市風景となってしまった。

1965年の「都市《まち》づくり将来計画の構想」、そして2009年の「海都横浜構想2059」は、都市の持続性を求めるために50年という長い期間を設定していた。そこでは重要なアイデアとして、市民主体の都市づくりが謳われている。次世代に引き継ぐ「横浜の未来」について、私たちは責任を持つという思想である。

ロウの「プログラム対パラダイム」の論考には、資本主義に適合する現代都市、後にレム・コールハースによって「ジェネリックシティ」という都市の終焉の様相が報告されるものと、20世紀には忘却されていたラテン・ヨーロッパ文明がつくる歴史的堆積の「事実」と「ファンタジー」としての都市という暗喩が隠されている。この文章が書かれた80年代当時、アルド・ロッシやレオン・クリエなどによって示された、類型学的都市へのアプローチに共感する論考であることが読み取れる。

そして、まさに同時代、横浜の都市デザインチームは同様の思想によって都市の未来をつくろうとしていたように思える。それは、92年の「ヨコハマ都市デザインフォーラム」で報告されている。レム・コールハースも招聘されており、創造都市の戦略のひとつになっている「ナショナルアートパーク」に結びつく、「ヴォイドスペースのシステム」というアイデアに関して講演している。当時、横浜は世界の都市デザインの最もエッジにあった都市であった。

「レッセフェール（laissez-faire）」とは、フランス語で「なすに任せよ」という、まさに市場に任せて何もしない「新自由主義」を示唆する言葉だ。19世紀末に北米で始まる「現代都市」という都市類型は、「完全な土地私有制度と高度に自由な市場経済」という、資本の自由勝手なふるまいによって都市がつくられる原理を示していた。しかし、それを制御することによって豊かな生活を支える都市文化は生まれるという思想が存在する。近代以前の歴史を持つ都市と異なり、歴史的堆積のない都市は制御の意思を持たないと「資本のゲーム盤」がつくりだすだけのジェネリックな都市風景になってしまう。ロウの「プログラム対パラダイム」は、この現代都市と類型学的都市の拮抗を主題としていた。

わが国では、20世紀末から停滞する経済活動を活性化させるように、02年の「都市再生特別措置法」、13年の「国家戦略特別区域法」という、都市開発にかかわる規制を外す法律が内閣府によって施行されている。都市経営という概念のもと、あらゆる規制を排する新自由主義に向かおうとするのであるが、それに抗い、次の世代に残す都市文化をつくろうとする横浜市の半世紀にわたる試みは、09年以降、都市の成り行きを経済活動に委ねてしまう都市の文化に対して「何もしない」市長への交代で中断されてしまった。地方自治体が取り仕切ってきた計画権限が、国の後ろ盾のもとで自治体から民間企業に移譲されている。

その結果、これまで厳しく制限していた横浜の建物の高度制限は外され、横浜は100メートルを超えるタワーマンションが立ち並ぶジェネリックな都市風景に塗りかえられつつある。みなとみらい地区はまさにその象徴であり、関内地区には山手の山よりも高くならないビル群に高さを抑えられていた古い建物が取り壊されてタワーマンションが、北仲地区には市庁舎を含む高層建物が建設され、横浜の都市風景を象徴していたキング・クイーン・ジャックと親しまれた横浜三塔（神奈川県庁本庁舎、横浜税関、横浜市開港記念会館）はその高層建物の波に沈んでしまった。わずか10年間で、果敢にレッセフェールと闘っていた横浜の都市デザインは、確実に破壊されつつある。

「プログラム対パラダイム」は、80年の講演録を96年にMIT Pressから出版された『As I Was

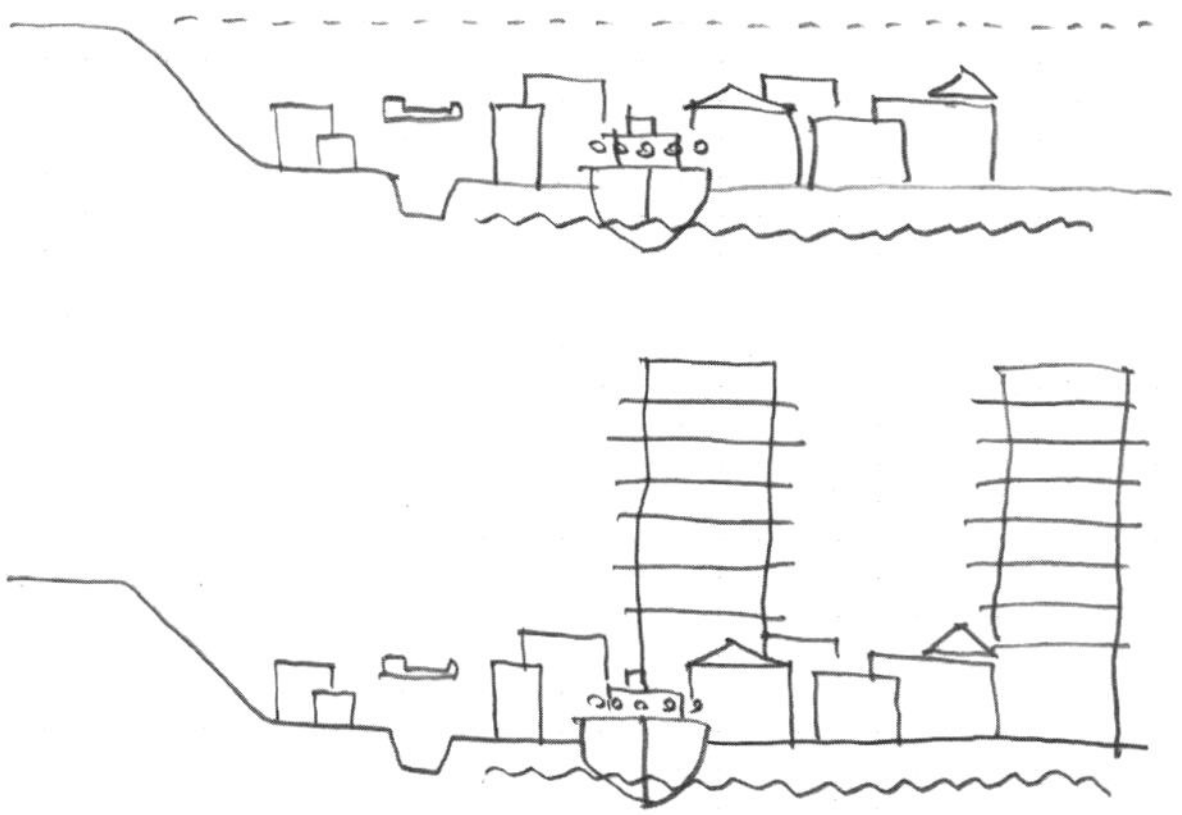

タワーマンションが立ち並ぶ都市に変貌する横浜関内。人工物が自然のスケールを超える（下図）

Saying』に再録したものである。そこに、わずか16年で大きく変容したオースティンについて、以下の文章が追記されている。

今日のオースティンは、もはや私が本文に描いたような都市ではないことを付け加えておかなければならない。この町のスカイラインを決定的に破壊し、さらに州議会議事堂の本来の重要さをも完全に傷つけた多くの高層オフィスビル群によって、オースティンはほとんど台無しにされてしまった。

オースティンは、もっとましな運命をたどるに値する都市であったはずなのだ。

（コーリン・ロウ『コーリン・ロウは語る』松永安光監訳、鹿島出版会）

横浜の都市デザインにも同じことが言えるだろう。09年以降の横浜の都市デザインはまさにジェネリックな都市に向かって大きく方向を変えてしまった。そのなかでも、都市における

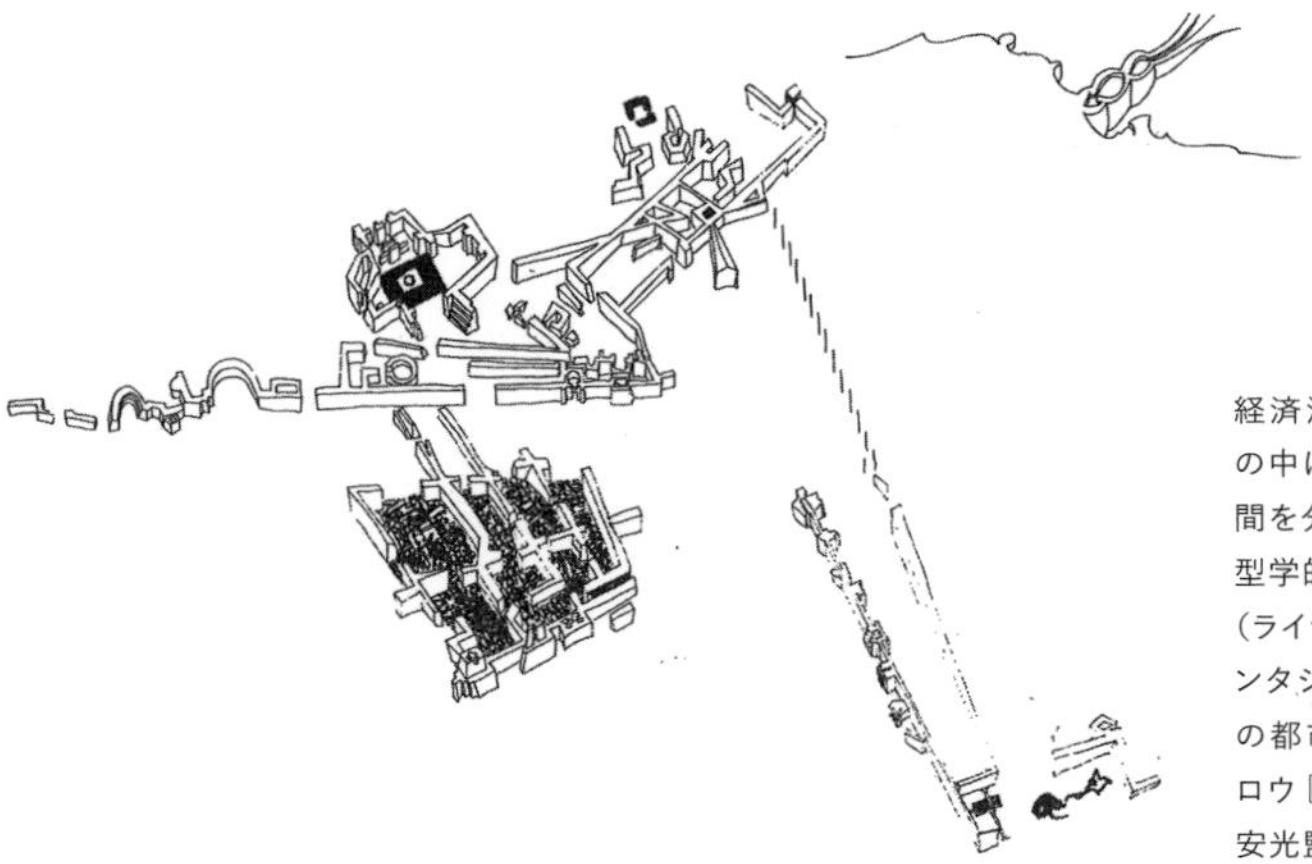

経済活動で想定される都市組織の中に共同体の手がかりとなる空間を分布させることを意図する類型学的都市の都市コラージュ部品（ライナー・イェーガルス「夢−ファンタジーの、あるいはヴィジョンの都市」1967。出典：コーリン・ロウ『コーリン・ロウは語る』松永安光監訳、鹿島出版会）

プログラムとパラダイムの揺動は継続している。そして、ロウも観測するように、このプログラムとパラダイムを止揚する都市デザインの作法が求められている。

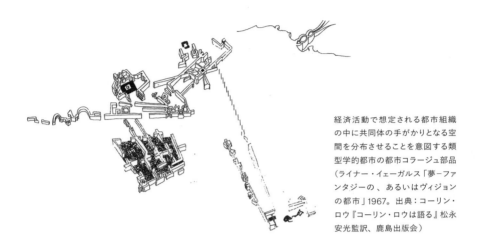

4　都市の中のムラ

アナザーユートピア

ユートピアとは「どこにもない場所」という意味の造語なので、アナザーユートピアとは「もうひとつのどこにもない場所」ということになる。モダニズムは20世紀初頭の西ヨーロッパに始まる建築運動であるが、それを支えている〝モダン〟というコンセプトは絶えず「どこにもない場所」を探してきた。過去を切断し、誰も見たこともない未来を指し示すことが、その中心にある。だから、モダニズムとはユートピアを求めさまよう運動ということもできる。モダニズムの建築はそんな英雄的な主題を持っているのだが、槇文彦が提言するアナザーユートピアという、もうひとつのユートピアの行方を示唆する言葉は、モダニズム建築が切り落としてきた〝残余の空間〟というオープンスペースを指し示す。しかし、「残余」である以上、そこには明確な意図は読み取れない。ただ、そこは誰でもがアクセス可能な場所であるから、人々が日常を経験、共有する場所である。オープンスペースは人々の出会いの場所であり、コミュニティという人間の関係性をデザインする重要な建築要素である。このオープンスペースの可能性を探ることが、アナザーユートピアなのだと思う。

私は「ヴォイドインフラ」という言葉をつくって、東京の建て詰まった木造密集市街地をリサイクルする提案を行っている。ヴォイドインフラとは、直訳すれば「空洞の基盤構造」だが、原っぱのような小さなオープンスペースを手がかりに木造密集市街地を豊かな街に変えていこうという、社会基盤としての提案である。「ヴォイドインフラ」というアイデアは、建築物を建てることで問題を解決するのではなく、建物を建てないことで地域の中にポテンシャルを生もうとする点で、これまでの建築の概念とは異なっている。

日本の人口はピークを打ち現在は漸減している。東京はそれでも流入人口があって微増しているが、近い将来減少に転じることが予測されている。都心周縁部にリング状に広がる木造密集市街地の内部では、空き家や空き地というヴォイド（空洞）がすでに虫食い状に増えている。そこは、もともとは濃密なコミュニティが存在していたが、少しずつ壊されている。その虫食いを戦略的というか、計画的にデザインすることで、点在する小さなオープンスペースのネットワークをつくり、誰でもが散策するように自由に体験できる街に変換できないか。空間体験の共有によって人々を共同へと誘うことを目指している。

ヴォイドだらけの庭園都市

近代社会に入る前の江戸は、ヴォイドだらけの庭園都市であった。江戸は武家地・寺社地・町人地に区分され、市中の面積の65パーセントほどを武家屋敷が占め、さらに1000を超える寺社が15パーセントほどを占めていたそうである。合わせると80パーセントを占める武家地・寺社地は、ともに境内という囲い地に庭園という夥しい数のオープンスペースを抱き込んでいた。それは都市の中に自然をふんだんに持つ、世界史的にもユニークな空間構造であったようである。都市という人工環境をつくりながら、自然と親和する空間が併存していたところが、ヨーロッパ文明がつくる都市とは異なっていた。

明治維新によって、江戸は東京という都市に切り替えられる。そこで、それまでの社会制度を切断して、ヨーロッパ文明がつくる社会制度に変換することになるのだが、この社会システムの変更は、都市空間の使い方にも大きな影響を与えた。多数の武家屋敷は地方の藩からの出先であり、幕府からの拝領地であったため、明け渡され住人がいなくなる。そのため明治初頭の東京は急激な人口減があり、大きな武家屋敷は空き家となり、そこに勝手に住む人たちがいたりして、荒れ果てていたようである。そこで、明治政府は「桑茶令」という政令を発令して、空き地を生産緑地に変えることを指示する。それほど、当時の東京の都市空間は空洞だらけとなっていたそうである。1873（明治6）年に地租改正条例が出されるが、それはこのような空き地を管理する者を明らかにするためではないかと思う。ここで、土地の所有権が制度的に認められ、土地の売買や担保化が容易となり、土地の私有財産権が確立する。

明治維新から3年後、オスマンによるパリの大改造が終わる71年、米国では「現代都市」が生まれる契機となったシカゴ大火があった。「現代都市」とは、シカゴを再生するときに都市の中心部を高層のオフィスビル用地とし、周辺を専用住宅地とする都市計画が行われたことから始まるのだが、その後、経済活動を支える都市類型として世界を席巻する。

20世紀初頭には、シカゴ大学でこの「現代都市」を研究対象とする都市社会学が生まれるが、その要件を「完全な土地私有制度と、市場にもとづく自由な経済活動」としている。この北米とほぼ同じタイミングの明治初期に、現代都市を支える土地所有の社会制度が整えられていたのがわかる。武家屋敷の囲い地にあった大きな庭園のいくつかは、現代もオープンスペースの公園として使われているものもあるが、多くは近代化のなかで切り刻まれ、経済活動のために区分所有されていった。明治維新以降、大きな社会変動にあっても東京の都市構造には大きな変化がなかったように見えるのだが、それは、囲い地の中にあった庭園というヴォイドを食い潰してきた結果なのだ。「余白」はもはや存在しない。

「都市コモンズ」という概念

都市空間が区分所有されることは、マーケットメカニズムに都市のあり様をゆだねる「現代都市」の原理であるが、それによって失われたのが所有のあいまいな「共有地＝コモンズ」である。西ヨーロッパでは18世紀末の市民革命とともに土地所有が自由化され、19世紀には共同体の土地が解体されていく。日本でも明治初期の地租改正によって共有地は急激に消失し、共同体のあり様は大きく変容した。

明治の初め、神社は全国で20万社ほどであったそうである。江戸期の人口は停滞しており、その推定で3000万人余とされているので、150人ほどにひとつの神社という割合になる。この集団は神社を中心とした氏子・氏神という自然集落を形成していた。それは、「当時の〝自然村〟つまり地域コミュニティの数にほぼ対応していたと思われる。これらの場所は狭い意味での宗教施設ということを超えて、『市』が開かれたり『祭り』が行われたりするなど、ローカルな地域コミュニティの中心としての役割を担っていた」（広井良典『ポスト資本主義』岩波新書）。経済学者の宇沢弘文（1928～2014）は、このような共同体を支える制度を「コモンズ」という概念で紹介するのだが、この訳語として「社」を提案している。社という言葉は、農村共同体を表すのだが、もともと土を耕すという意味を持っているそうである。そして「農家五十戸をもって社となす」と当時の文献にあったことを紹介する。それは神社を中心とした農村共同体というイメージにつながる。

このコミュニティスケールを超えて、見知らぬ者が登場する「都市」という社会システムのなかでは、共有するという概念を持つコモンズの存在は困難となる。すなわち、コモンズとはここでは「非都市」を意味する概念である。しかし、コモンズは本当に、「都市」の中では存在できないものなのであろうか。それに対して、経済地理学者のデヴィッド・ハーヴェイ（1935〜、イギリス）は「都市コモンズ」という、相反するアイデアを合一する「コモン化（commoning）」という運動を示唆している。それは、固定したコモンズではなく、不安定で可変的な社会関係として存在するものとして示される。『反乱する都市』には「コモン化という実践の中核に存在している原則は、社会集団と、それを取り巻く環境のうちコモンとして扱われる諸側面との関係が集団的で非商品的なものだということである。すなわち市場交換と市場評価の論理は排除される」と記している。これは、「現代都市」が大量生産・大量消費を基調とする資本主義システムを支えるハードウエアとして構想されていることに真っ向から反対するものなのだ。

遊びの解放区

1950年代半ば、高度経済成長期が始まったばかりのころ（私の子ども時代）、当時の日本では、都市の中に空き地や残地がたくさんあった。子どもには「土地の所有」という概念がないので、他人の家の庭も自由に出入りする。家と家のすきまや路地や空き地など、他人の地所であっても侵入可能な空間はいくらでもあった。そんな侵入可能なすきまを自在に移動しながら、身体が移動できる空間（パス）のネットワークとして自分だけの地図をつくりだしていた。この地図の中に、挨拶をする大人たちや親密な遊び仲間がいた。当時の都市は、このような所有のあいまいな未利用地がそこかしこにあって誰もがアクセスを許されたので、子どもたちにとっては「遊びの解放区」であった。大人たちにとってもそんな空間の発見は自発的なさまざまな行為を誘導するものだった。

しかし、現代の日本の都市は土地所有が細分化され、都市の中で管理のあいまいな場所は残されていない。渋谷のホームレスの数がこの10年ほどで劇的に減ったという話を、社会活動家の湯浅誠（1969〜）から聞いたことがある。ホームレスが夜に安心して寝られるのは所有のあいまいな場所なのだが、そのような空間が急激に無くなっているそうである。

都市の空間管理は急速に進んでいる。管理されない（または、あいまいな）空間は自発的な人々の出会いを提供するが、現代は住宅地の細街路も公的に管理されアスファルトで舗装される。そこでは、都市コモンズという現代の共有地をどのようにつくることができるだろうか。例えば、交通量の少ない道路などは車両進入禁止にすれば、人々が道の真ん中をゆったりと歩けるオープンスペースとなる。さらに、土地の所有を明示する塀を取り除いて誰もが座れるベンチを置くだけで、コミュニティの存在に気づくきっかけになるだろう。多くは制度的な問題なのだが、なんでもないあたりまえの日常のなかに、そんな共有感覚を持つコモンズを創出できないであろうか。

ヴォイドインフラ

「都市」という社会システムは、自由と平等という個人の状態を担保する政治的空間であり、人々は切り分けられてバラバラにされている。「現代都市」は経済活動に対応して設計されているために、個人は分断され、家族という社会の最小単位さえも解体されつつあるように見える。この都市状況の下でコモンズという共有の感覚が生まれるのは難しい。しかし、人は自由と平等を求める権利を持つと同時に、安定した共同体の泡の中に包まれることも必要なのだと思う。

イスラムの都市には、不動産を寄進することで、それが誰のものでもないみんなのものになる「ワクフ」という制度がある。3・11後に伊東豊雄を中心とした建築家たちが仮設住宅地に《みんなの家》をつくる運動をしたが、ワクフは都市の中に常設される「みんなの家」である。このワクフは広場であったり、宗教施設であったり商業施設の場合もあるが、「誰のものでもない」ことが重要である。土地の所有が放棄されているのだ。誰のものでもないことによって、その場所は誰にでも開かれた場所になり、人々を共同に誘う。土地の所有から場所の使用という概念に移行させることで、ワクフのような共有の感覚が生まれるのではないか。このように土地所有の概念を変えることで、東京の住宅地の様相を更新できないか。

現在、木造密集市街地の内部では空き家や空き地が増えているが、その多くは街区の最も奥にある未接道宅地である。「未接道宅地」とは建築基準法で定められた「道路」に2メートル以上接していないという理由で、新たに建物を建てることが禁じられている敷地なのだが、そこを道路と同じ公共用地とするか、または信託化することで「誰のものでもない」、地域の共有のオープンスペースにすることができないか。この街区の奥に設けられるオープンスペースは、誰でもがアクセス可能な原っぱのようなものである。地域の人々の家庭菜園にも使えるし、寄り合いの場所、火除地である。周囲の建物の所有者が、このオープンスペースに接続するメリットを感じれば、地域のリサイクルを誘導することができる。この小さなオープンスペースを「ヴォイドインフラ」と名付けた。

「ヴォイドインフラ」は地域の再編を促す基盤プログラムである。周囲の住居をこの「ヴォイドインフラ」に重集合として共同化し、さらに家と家のすきまや細街路とつないで歩行ネットワークを形成するという提案をしている。

2018年に行った展覧会「続・TOKYO METABOLIZING」では、「ヴォイドインフラ」を耐火耐震壁の工作物で囲うという展示をした。この小さなオープンスペースが公的であることを示すため、公私を分けるファサードのような役割を与えたのである。この耐火耐震壁には井水を循環させて、冬は少し暖かい、そして夏は少し涼しい壁となって周囲の微気候を調整する。厚みを持った壁は、接続する家屋の必要に応じて開口を設け、火災時は循環している井水がドレンチャーとして働き延焼を防ぐ。さらに、この壁にオープンスペースから2階に直接上れる公共の階段を付けることで、上階に共有のテラスを設けたり、賃貸に回すこともできる。

東京は小さな粒（グレイン）の集合体ででき

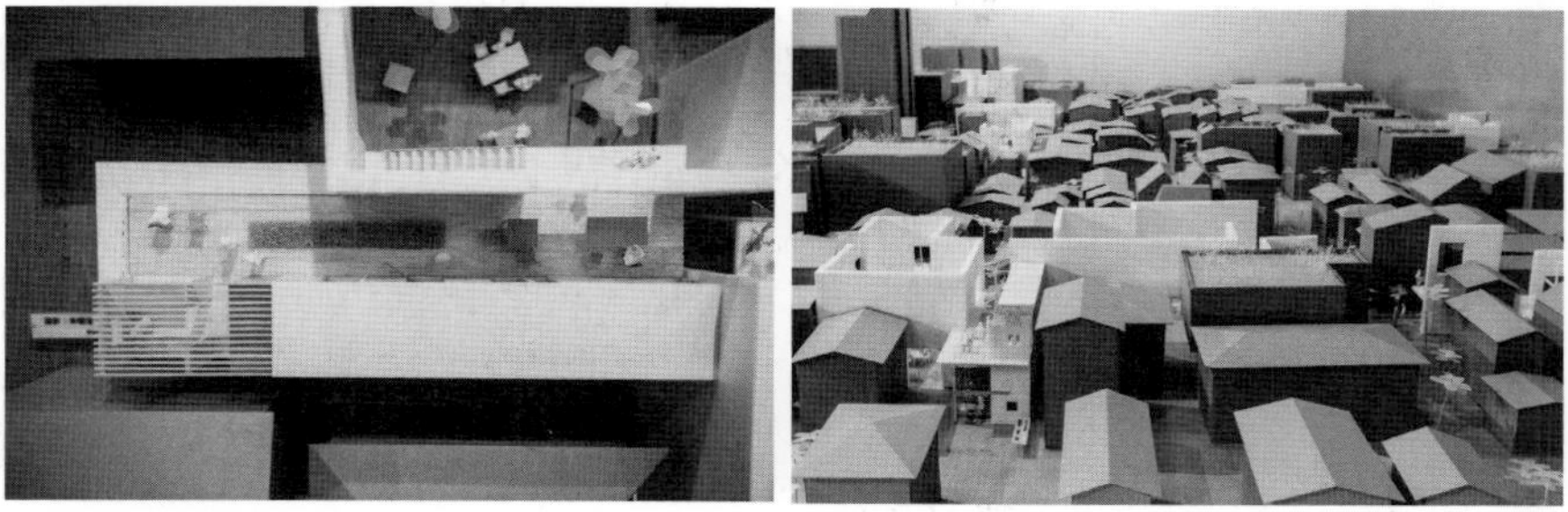

「ヴォイドインフラ」模型

法政大学北山研究室、東京工業大学塚本研究室、横浜国立大学大学院Y-GSAの共同展覧会
「続・TOKYO METABOLIZING展」2018年、東京EARTH+GALLERY

た都市であり、その粒が自己都合で生成変化する不思議な集合体としての都市である。この特性を使うことで、コミュニティ再生の契機を与えようと考えている。木造密集市街地の内部にどのように「ヴォイドインフラ」を設けるのか、その配置を戦略的にデザインすることはできるのか。その根拠となるものに、「延焼過程ネットワーク」(織山和久、2015)という研究がある。建物種別と離隔距離に応じて延焼線のネットワークを描くもので、地域の延焼ハブになる建物を特定でき、選択的に不燃化ないし空地化することで地域は面的に延焼火災に強くなるというものである。これを前提とすれば計画という概念ではなく、できるところから始めるという選択的な都市の更新が、既存のコミュニティを保持したままの局所的な手当てで可能となる。

空間がつくる共同体

ヴォイドインフラという提案は、東京という都市の中で制度的に既存不適格とされ大量に存在する資産価値のない未接道宅地を逆手にとって、都市を再生する資源(リソース)にしようとするものである。日本では、道路法が施行される以前の幅員の狭い道路が大量に存在しているため、開発の進まない整備不良となる地域が大量に存在している。それらを地域住民の管理にすることができれば、道路法で決められているアスファルトの路盤をはがして、緑道化しコモンズのネットワークにすることができると考える。

「コモンズのネットワーク」という都市組織は、そこを使う人々の出会いの場所をつくり、顔見知りの関係、挨拶をする関係をつくる。それが、現代都市という人々を分断し、孤立させている都市空間を反転させるのだと思う。「ヴォイドインフラ」を点在させることによって生まれるこの空

「ヴォイドインフラ」を点在させることによって、都市の中に集落のような泡を生み出す

間の共同体のネットワークを〝入れ子〟のように分布させ、都市の中に集落のような共同体の泡がつくれるのではないか。

それは地域住民が管理する自律した政治的組織である。そんな自治的共同体の泡が重なりながら、寄せ集まって都市ができているというイメージである。そこには、カフェやギャラリーなどの店舗が歩ける範囲に混在し、さらに、都市社会を支えるインフラをローカルシステムに変えてしまうことも提案できる。それは、地域エネルギーの供給やゴミ処理などのサポート機能が付随する多層なローカルシステム、そして生活に親和する小さな交通ネットワークなどである。この空間がつくる自治的共同体という地域社会は人々が生活する社会システムそのものなのだ。

さらに、寺社地という大きなオープンスペースに接続すれば、生命スパンを超えたコミュニティスケールを覚醒させることができるのかもしれない。寺社地は江戸から継続する数百年の間、都市内で巨大なオープンスペースとして存在しており、西欧のモニュメントのように都市の記憶を支えている。この寺社の存在によって人々が集まって住まう根拠（例えば祭り）を示せれば、私たちの生活するこの都市を、「ワクフ」または「みんなの家」から帰納される非都市＝ムラに変換できるのかもしれない。

「非都市＝ムラ」というユートピア

この提案は、大学の研究室で検討している「どこにもない場所」の研究だ。この木造密集市街地の研究は、都市の中にインフォーマルなコモンズという非都市を構想できるのかという、これからの都市の主題を提示するものである。木造密集市街地を生んだひとつの素因は、戦後の大地主解体によるバラック借地の所有権移転といわれているが、それは市民の権利を守るという思想からであった。しかし、時を同じくして建築基準法が措定され、道という最も身近なコモンズを自動車のための空間に変えてしまい、街区の奥まで舗装をして自動車の進入を許している。また、この道路法によって未接道宅地は不適格敷地として資産価値を剝奪されている。そう考えれば、私たちが暮らす都市内の住宅地は政治的空間であり、未接道宅地という問題は、市民の権利とその抑圧が併存する「都市への権利」のせめぎあいの最前線なのだ。

20世紀の都市は経済活動を支えるハードウエアとして構想されてきた。都市は生活の現場であり、住宅こそが都市の主役なのだが、その住宅はハウスメーカーの量産住宅やタワーマンションという不動産商品である。20世紀にはル・コルビュジエの「輝く都市」「チャンディーガル」、ブラジルの都市計画家ルシオ・コスタとオスカー・ニーマイヤーの「ブラジリア」、丹下健三の「東京計画

1960」など、ユートピアとしての都市がプレゼンテーションされたが、そのイメージの断片はレム・コールハースが「ジェネリックシティ」と呼ぶ無名性の都市風景の構成要素となった。世界の都市は経済活動のための「現代都市」に改変され、不動産商品としての建築物の集積場となってしまった。

資本主義という拡張拡大を原理とする社会システムの不可能性が現実のものとなり、日本では20世紀には想像もしなかった人口減少の社会を迎えている。だからこそ、20世紀につくられた「現代都市」を批判する都市のあり様をいかように構想するのか。日本の都市部の巨大開発においては、容積緩和の交換条件として計画されたオープンスペースが登場している。しかしここで提案しているインフォーマルコモンズとしての「ヴォイドインフラ」とは、住宅地の中にあるがままの人の作為のない自然的《じねんてき》に生まれる小さな空き地を手がかりとする、自律した自発的な行為を誘導する都市へのアプローチである。人口が減衰する都市をいかようにデザインできるのか。ここで生まれるオープンスペースが連携されてコモンズのネットワークとなるとき、それは、「もうひとつのユートピア」を表現しているのだと考えている。

DIALOGUE 2

ブリコラージュが暗喩する次代の建築

北山恒 × 中川エリカ

51-36

前の時代をクリティカルに見る

中川エリカ　私は2001年に横浜国立大学に入学し、そのときから北山さんの教育を受けて20年が経ちました。現在は私自身、教育の場にも身を置いていますが、建築家になるためには若いうちに何をしておくとよいのかと、よく学生に聞かれます。建築家は生身の人間なので、自分自身の体験が思想に結び付くことが多分にありますが、北山さんの場合は20代のころのさまざまな地域への旅行や、レヴィ＝ストロースをはじめとした文化人類学の本を読まれていた経験が息づいているように感じます。

北山恒　たしかに海外に旅行すると、楽しいよね。あたりまえでないものを目の当たりにすると興奮するし、外の全然違う枠組みのなかに入ると、いまわれわれが生きている世界の枠組みが見えてくるようにもなる。インドも驚きに満ちていたけれど、最も大きな影響を受けた経験といえば西アフリカのマリに行ったことでしょう。

まさに想像もつかないような社会システムのなかに一人旅で飛び込んでいったのです。当時のマリは貧しく治安も悪くて危険だったから、お金はほとんど持っていかなかったんですね。所持品は寝袋と、着替えの下着、歯ブラシ、5万分の1の西アフリカの地図、そして文化人類学の川田順造の本ぐらい。ガイドブックも腕時計もなし。時計をはめていると、腕から切り落として盗られるようなところでしたから。

その経験は、大きなインパクトがありました。僕はモダニズムという建築の教育を受け、学生たちにも教えているけれど、モダニズムという建築は、本当にヨーロッパの一部の文明の表層でしかないことがまざまざと感じられたからです。それをどうやって乗り越えられるかと考えるけれど、一方で日本という枠組みのなかでやっていることだから、そこに土着風の表現を組み込むというのも嘘になってしまう。日本というある社会システムのなかで、その社会システムをどうやって乗り越えられるか、そこが建築で一番重要なのではないかと思いながら、これまでやってきました。

中川　アフリカ旅行によってモダニズムを相対的に位置付けた体験は、都市とムラという、この書籍全体に通底しているテーマともつながっていますね。あたりまえとされていたことを批評的にとらえてどう次の思想に結び付けていくのか。その体験は旅行だけではなく、大学という教育の場にもあるのかもしれません。

北山　僕が学生として1970年代に教わっていたときは、教員はみなモダニズムの教育を受けていたので、ル・コルビュジエやミース・ファン・デル・ローエ、フランク・ロイド・ライトがいかに素晴らしいかを教えていました。その教員のモダニズムを権威のように感じたので、それを乗り越えることを探していました。そんなときにガイドになったのが、クリストファー・アレグザンダーやロバート・ヴェンチューリら、アメリカ人がモダニズムを乗り越えようとしている本だったのです。

ヨーロッパの人がヨーロッパ文明を乗り越えようとする思想としては、レヴィ＝ストロースで知られる構造主義があります。それを日本という極東で読み、よくわからないまま、モダニズムを教える先生たちを討論の対象にしているような状態で教育を受けていました。

いざ自分が教え始める段になると、学生だった西沢立衛がポスト構造主義で、構造主義の僕を質問攻めにしてくるんです。実は、教育の醍醐味はそういうところにあるもので、それが教育だと思うんです。先生というひとつ前の時代の人から教わるのではなく、次の時代に飛び込むために、いまという時代をどうクリティカルに見ることができるか。それを絶えず繰り返すのが教育だと思っています。教育は「未来の劇場」です。

君たちは都市そのものを領有できる

中川　北山さんの建築的思想は、敷地における完結ではなく、周辺環境との連続体として建築をとらえるために、都市に対してどう戦略を持つか、という点でずっと一貫しています。その発想がモダニズムとは根本的に異なるということは学生時代から理解していましたが、ムラという言葉の選択に新鮮さがあります。再生される村ではなく、超都市のムラとでもいうべき、次の都市を見出そうとする意思を感じますが、あえてムラという言葉を使われる意味を教えていただけますか。

北山　僕は都市というものはある意味で抑圧システムであると見ていました。都市という枠組みに入っているときは何も感じないけれど、効率よく働く労働者を生み出すためのシステムがそこにあり、すごく抑制された空間の中に入っているのだと思っていました。

なぜそう感じたかというと、70年に、学生闘争のデモで渋谷から青山通りを学生たちで占拠した経験が根底にあるから。クルマの往来を封鎖して機動隊とやり合い、道のど真ん中に学生がいるという、都市の「領有」に参加したのです。占拠した道をみんなで歩くうちに、「道の主役が変わることがすごいな」というのと、「これでいいんじゃないか」と感じる瞬間がありました。ルフェーヴルは68年のパリの5月革命で都市の領有という言葉を使いましたが、空間をどうやって自分のものにするか、あの学生闘争は僕にとってそういう意味があった。都市は抑圧システムだと直接的に感じた

なかがわ・えりか
1983年東京生まれ。2005年横浜国立大学建築学科建築学コース卒業、07年東京藝術大学大学院美術研究科建築設計専攻修了。同年オンデザインパートナーズ入社、14年中川エリカ建築設計事務所設立。横浜国立大学大学院Y-GSA設計助手を経て、現在、複数の大学で非常勤講師を務める。おもな作品に「ヨコハマアパートメント*」「ライゾマティクス新オフィス移転計画」「コーポラティブガーデン」「桃山ハウス」「新宿パークタワーラウンジ」ほか。受賞にJIA新人賞、住宅建築賞2017金賞、第34回吉岡賞など。
（*は西田司／オンデザインと共同設計）

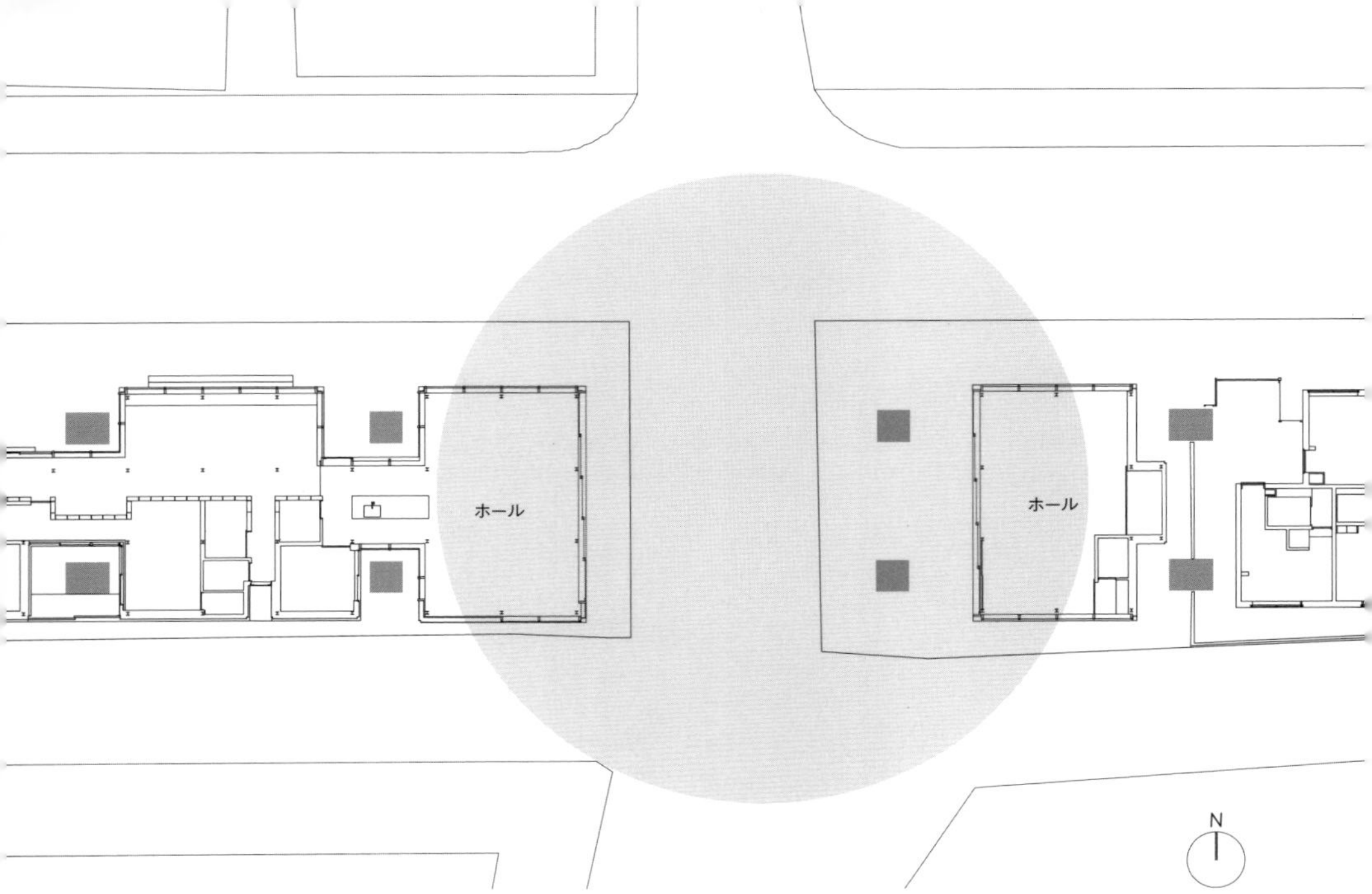

のは、そのときが一番ですね。
いまの香港の民主化デモのように、そのあとは機動隊が押し寄せてきて、僕らは逃げ回っていました。都市空間を取り合うということを自分の身体で感じたわけですが、それはとても大きな経験となりました。
そのことを指摘したルフェーヴルの『都市への権利』を読んだ際にはよくわからなかったけれど、おそらく自分は空間の争奪戦をやっているのだ、建築というのはその最前線なのではないかと思い、職業としてやっていくことにリアリティを感じたんです。
学生にもそういうことを教えています。敷地の中に何か格好いい建物をつくるのは、造形遊びをしているだけである。そうではなくて、君たちは敷地を越え、都市そのものを領有できるんだよ、と。それを教えることは、すごく大事なことだと思っています。

中川　ムラという概念は、北山さんが若いころから読んでいらした文化人類学や、法政大学に移られてから の陣内秀信さんの思想の影響もあると感じます。コロナによって、いよいよトドメを刺された近代都市の限

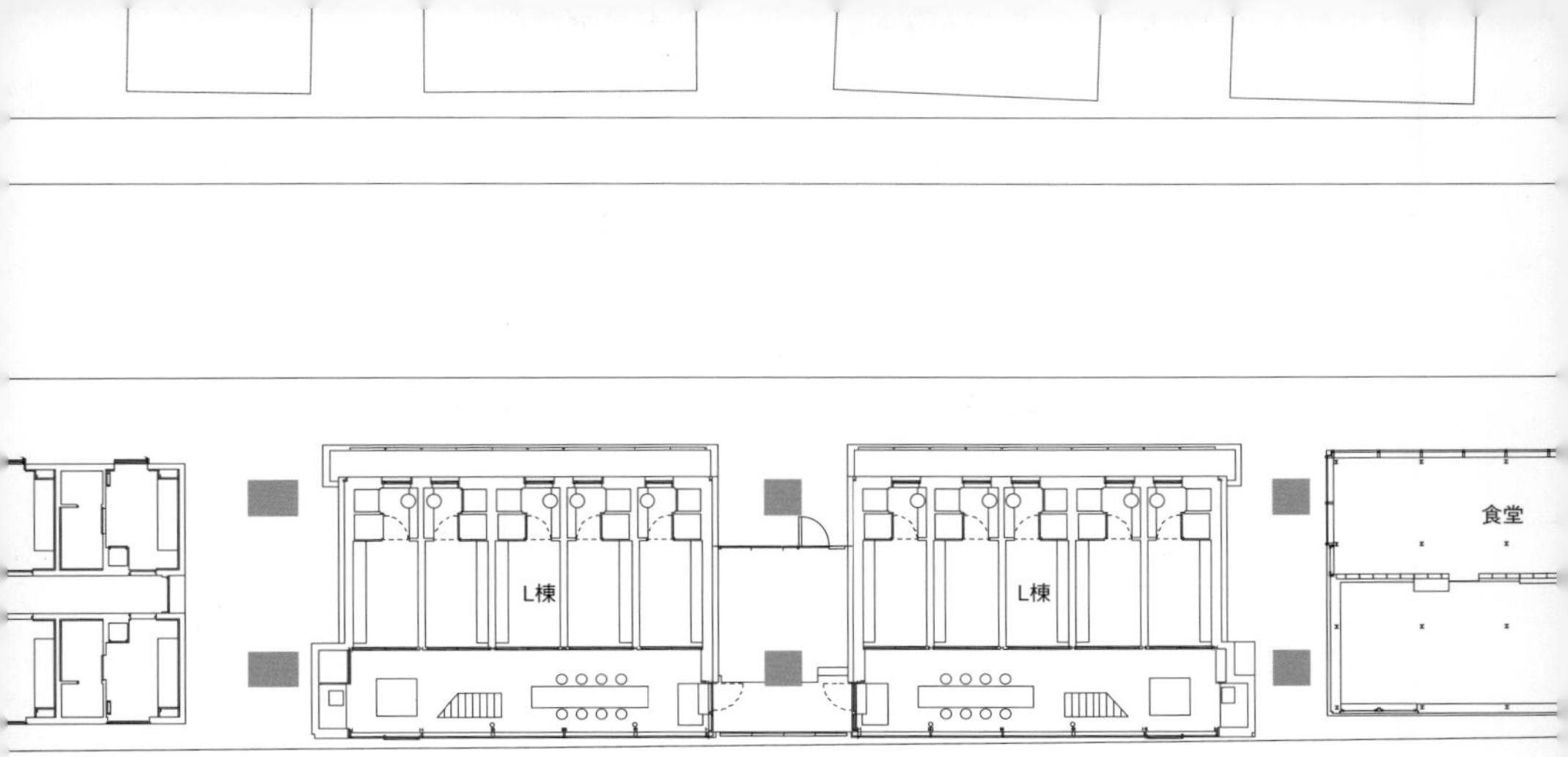

「中央ラインハウス小金井」2020年

中央線の高架下という都市インフラの下に設ける学生寮という閉じたプログラム。できるだけ開放できる空間形式を設定することで、周辺にある大学のサテライトとして使うような地域開放プログラムを誘導しようとした。道路を挟んで向かい合った両側のホールの引き戸を開けると高架下（屋根付き）の広場が出現する

界を乗り越えるタイミングがきています。

北山　まさにそうですね。ムラというのは、ある種ノスタルジーにも感じられるけれど、実は近代に対する闘争なんです。デヴィッド・ハーヴェイは、都市をどうやって非都市化するかと論じています。非都市は、「あらず」「反対」を意味するのではなく、次を示唆しています。ではどこに行くかというときに、カタカナのムラというのはあるのではないかと僕は思っているんです。

レヴィ＝ストロースの『悲しき熱帯』に、ボロロ族という環状集落にいる部族が、グリッド型の植民都市の中に放り込まれた途端、日常生活ができなくなったという記述があります。それにより、キリスト教に改宗させることができた。都市空間はそれだけ力があると指摘していて、そのときに都市と村の二項対立がわかったように感じました。

「中央ラインハウス小金井」食堂・ホール。道路を挟んだ両側のホールの引き戸を開くと、高架下の広場が出現する

近隣へのギフトをつくることが大事

中川　今日は「中央ラインハウス小金井」の食堂に付属するホールで対談させていただいています。ここは共有のダイニングですが、イベントでも使えそうですし、どう使われてもいいという解釈の自由度がある場所で、その意味で広場と近いように感じます。

北山　それはオペレーターが決めることではありますが、広場のようになることを期待しています。中央ラインハウスは、2010年ごろより始まった中央線（JR東日本）の高架事業に伴い出現した、全長350メートルのヴォイドを活用した学生寮です。部屋の中に入ると騒音は感じませんが、通常はガード下に住むというのはあまりいい居住環境ではありません。そのなかで、高架下をどう考えるかに取り組みました。

25年ぶりにワークショップのメンバーが集まり、木下道郎さんと谷内田章夫さんと3人で、それぞれ異なるサイトを設計しています。僕はL棟と食堂を担当しています。

中川　北山さんはご自身の建築でも、教育においても、建築がダイアグラムモデルであることを大事にされています。敷地の外も含んだ関係性をどうとらえて立体化していくか。L棟は、敷地南北の高低差を活用した2階建てになっていて、地形との連続性を持っていることが印象的でした。

北山　まず、学生寮なので、できるだけ賃料を安くしたかった。研究室の学生に聞いてみると、下宿代の予算はおよそ4万円だと言います。その金額に近づけるには、同じサイトの中になるべく部屋を多く入れなければなりません。そこで1階と2階にコモンスペースを用意し、ガラス戸のコンパクトな10の居室をつくりました。他のサイトのおよそ倍の部屋数になっています。

この多目的ホールには、あえて5枚の引き戸を採用しています。道路を挟んでその先にあるスペースも同じく引き戸にしてあり、両側の戸を開くとそこに広場が出現します。オペレーターにとっては引き戸にする必要性はなかったと思いますが、それを認めていただ

L棟の専有スペース。面積を抑えながら効率よくベッドやデスク、棚などを配置している

いたということは、ゆくゆくは隣の農工大をはじめとした近隣にある大学にレクチャーやプレゼンテーションなどで使ってもらえるようになるかもしれません。そういうことができると、地域開放型の施設になれると考えました。

実は高架下だけの状態がすごくよかったのです。新豊洲Brilliaランニングスタジアムよろしく、中央線の高架下にはまっすぐ続くヴォイドが100メートルどころか20キロぐらいあるのです。サンパウロのイビラプエラ公園のルーフみたいなものが、すでにまちの中にできていたのに……。そもそも中央線は開発時に25キロぐらい、まっすぐな線路を引いてできたもので、まさに暴力的ともいえるほど、江戸時代からの地形や村をすべて断ち切ってきました。街のつながりがそこで切られてしまったのです。線路で村が再編されたわけですが、それが高架により再びつながり、人間が下を自由に通れるようになったときに、そこを不動産ビジネスにして活用するというのは、本当にいいことなのかどうか。都市に返還するならば、周辺の人たちが自由に使えるような、リニアな広場やヴォイドに変え

「中央ラインハウス小金井」L棟コモンダイニング

るべきだと思ったのです。

中川　疑問を感じながら、プロジェクトがスタートしたのですね。とはいえ、高架のまま投げ出された状態だと学生やまちの人にとっては、使いこなせないヴォイドになってしまう可能性もあります。建築的な原っぱをつくることで、まちに返していく作業をされたのだと思いました。

北山　実はここのルーフの上をパブリックテラスにするというコンセプトで、当初は進めていたんです。高架の下にスラブを浮かせて、階段を付けてみんなが上がれるようにしたかった。でも最終的にコストの面などで実現できなくなりました。

中川　高架の下には長く駅まで続く、屋根付きの道路「ののみち」があります。ののみちの高天井の軒と道路を跨いだ建築の共有部が、領域の所有区分をあいまいにしていて面白いです。学生だけでなく近隣に住む方も、ののみちを通っているうちに自分の家に帰ってき

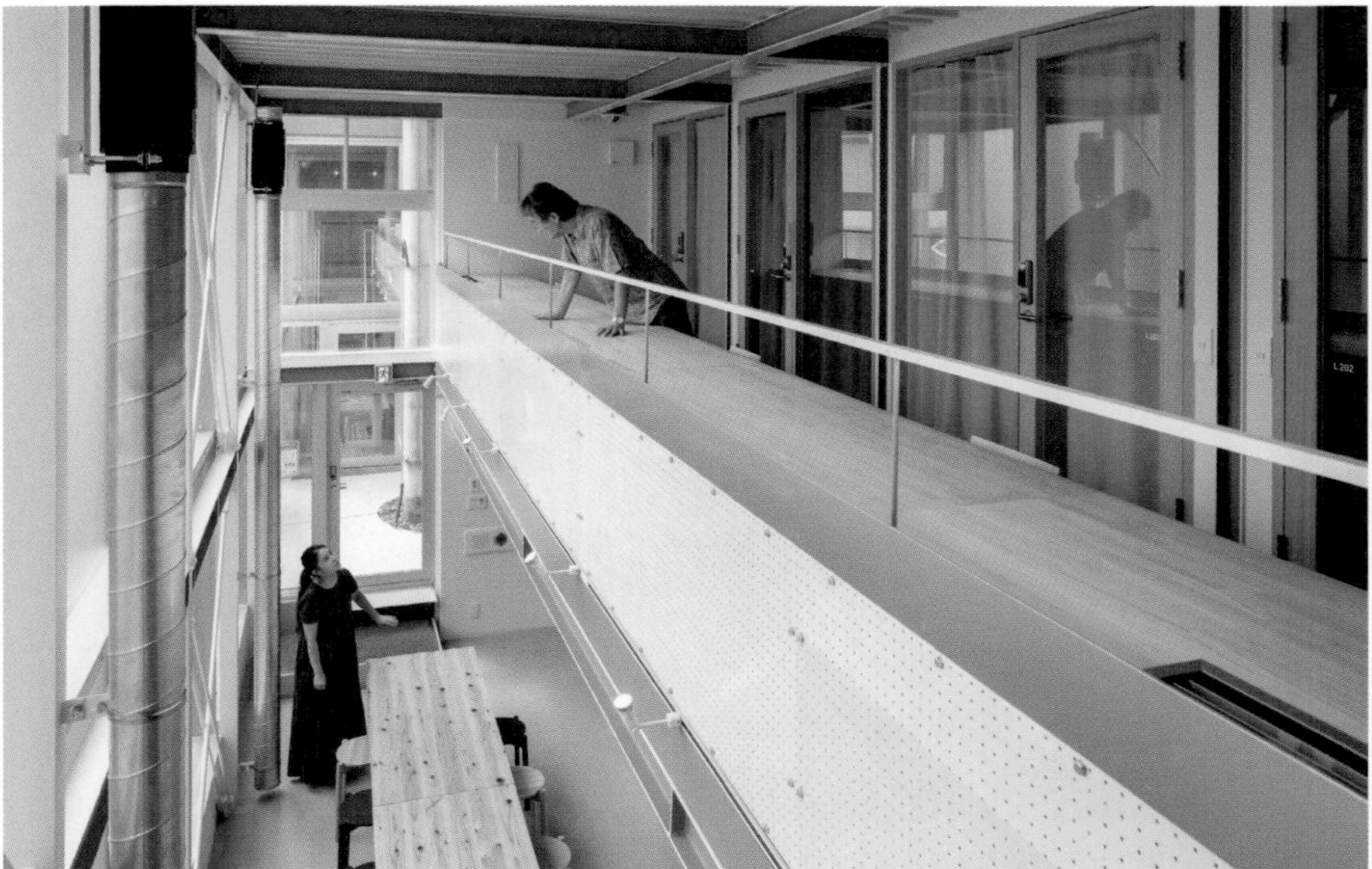

たような感覚を覚えるかもしれません。

北山　それは都市に対してギフトしようと、JRと中央ラインモールがやっている事業で、僕たちもそれにぜひ参加したいので、歩いている途中にベンチを置くことを提案しているんです。

都市にはこういう都市インフラや都市要素がたくさんあります。電車にまつわるインフラは迷惑施設でもあり、利便施設でもある。そこに屋根付きの通路をつくれば利便施設になる。ベンチをつくるのは、だから僕にとっては大事なコンセプトでした。近隣の住人やまちを歩く人が、ふっと座れる場所をつくる。日本の都市空間は、自分の建物のためにはお金を使いますが、周りの人のためにはほとんど使いません。でもそこから踏み出して、近隣に少しギフトをつくっていく作業が大事だと思っているのです。

中川　屋外での過ごし方に多様性を与えるきっかけとして屋外什器（パブリックファニチャー）は大事なエレメントであり、私も注目しています。実は2020

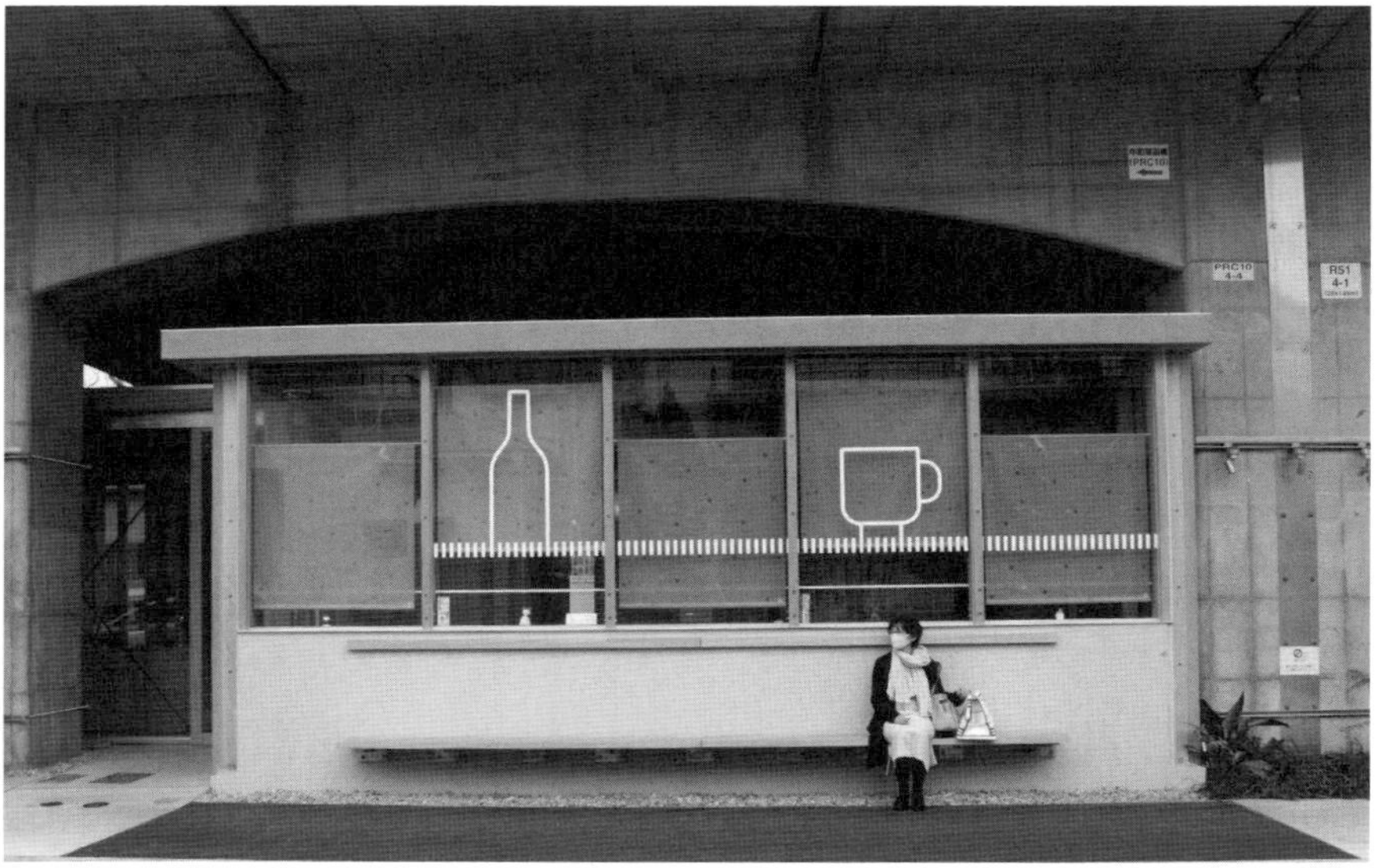

提案していたベンチは、竣工の半年後に設置された（この対談の撮影のときには未施工、設置後の写真）

年の初めに、南米チリの六つの都市を回って、屋外什器を400個記録してきました。注意深く考察すると、チリの人は自分の家の前の通りも含めて家と思っているところがあるようでした。

北山　それは日本の江戸時代と同じですね。

中川　玄関の目の前に自分の門扉から支えを出して、パブリックなゴミ箱を設置することで、自分がそのまちに属していることを物象化しているのです。小さなエレメントがそこに生きる人間の気質や都市への態度を表している。都市を構成する最小単位が壮大にアッセンブルされた結果としての都市風景は、多義的な意味を持つと感じました。

北山　中央ラインハウスではそのほか、僕たちは近隣のために、自分の位置を理解できるサインと夜間の街灯となる照明もつくっています。公共性を持ったデザインとなるようサインは廣村正彰さんに、照明は岡安泉さんにお願いしました。

一方で、都市エレメントには、室外機のように建築をつくる際にどうしてもつくり出してしまうような裏方の要素もあります。現実の都市空間というものは、実際に電信柱やガードレールなど、さまざまなものでできています。電信柱は電力事業者、道路行政は警察、ガードレールは国交省が管轄していて、設置するほうは統合しておらず、それぞれ勝手に自分たちの考えでやっているので風景はぶち切られているものになっているけれど、利用者は統合されたものとして経験します。ここではサインや照明、ののみちなど、編集され、統合された状態となるよう、まちに用意されたものとしてつくることに心を配りました。

中川　敷地の中でのサービスではなく、地域へのサービスとしてもつくられているのですね。

北山　それが都市の風景をつくっていくと考えます。地域全体とつながっていくような、そういうイメージで進めてきました。

DINER

30

空間の単位をどうデザインするか

中川　現代の日本の若手世代は、リノベーションの仕事が増えているため、小さいスケールに目を向ける人が比較的多いように思います。とにかく生々しくて具体的で、モダニズムの時代の抽象化とは異なる問題意識を持っています。中央ラインハウスにおける、都市を体験的にとらえながらベンチを置き、そこに顔が見えるような誰かが座り、周辺のまちとつながるというサービスの意識も、具体的な身体に対する態度だと感じます。

北山　近代というのは時間を切断する運動です。モダニズムには歴史がまったくなく、ある敷地の中で過去とは関係なく、宇宙から降りてきたような建築であり、時間の積層が見えるような建築は、モダニズムではないのです。ローレンス・ハルプリンの『都市環境の演出』や、ゴードン・カレンの『都市の景観』などは、70年当時、そうしたモダニズムに抵抗する概念として出てきていました。抽象化とは違う身体性についても大きな問題となっていて、アレグザンダーやヴェンチューリも、抽象性ではなく具体性を話していました。僕ら学生たちはそれに影響されていたけれど、先生は抽象化された話をしているといった世代間ギャップがありました。

80年代は、かつての様式建築を入れるとか歴史性をもう一度召喚するような運動として、イージーにシンボルを操作した、シンボルマネジメントとしてポストモダニズムが台頭しました。そうではなくて、本当にモダニズムを超えていこうとするならば、もう一度、時間の概念をつないでいく運動に変えていかなければなりません。そういう作業をいまやらなければいけないと考えています。

でもこれを乗り越えようとすると、同じようなシンボルとなる表層の操作を始めることが起こってしまうんです。表層の操作はメディアにも観察者にもわかりやすいし、目の欲望にも応えてくれます。でも次の時代をつくっていくならば、いまあるあたりまえを再編集することが必要だと考えます。特別なエレメントは使わずに、あたりまえのものを使いながら、新しい空間形式をどうやって発見できるか。それが重要なのではないでしょうか。

中川　おっしゃるように、日常を批評する姿勢、それを空間として翻訳する力が建築家に問われているのかもしれません。近代にコモンという概念はなく、土地と切断するように発展してきましたが、実際に集まるための単位も含めて考えていくとき、ムラという概念は有効であると推察されます。ここで北山さんが大事にされていることは何か教えてください。

北山　ひとつには、コミュニティ・スケールがあります。一人の人間が1万人と対話することはできないし、認識することもできません。人間が認識できる個体数は、100人から150人で、それがコミュニティ・スケールなのです。顔見知りの関係であり、挨拶をする関係です。そこにマナーが生まれてきます。都市の中で顔見知りがいないなかに放り込まれると、切断された状態になり、個体になってしまい、マナーはなくなります。集団のマナーがとれるのは、顔見知りの中にいることが必須です。

もうひとつ、10人から15人という、人が協働で作業するときに一番効率がよくなるとされるスケールがあります。戦争するときに、10人から15人で闘うと戦闘能力が高くなることから出てきたものだそうです。軍隊の小隊は15人が最大でそれを超えると、意思が伝達できなくなるという。スポーツを見ても、サッカーは11人制、ラグビーが15人制なので、そういうスケールなんですね。

人間がお互いわかる空間の中に一緒にいるという状態を、そのあり方を、空間の単位をどうデザインするかというのが、建築という領域の本来の仕事なのではないでしょうか。個人がどう行動するか、ふるまいも含めたことを考えていくのがわれわれの仕事なのだと思います。人間の関係性をデザインしているともいえます。そのスケールを超えていくと都市計画になっていきますが、抽象化され、人はみんな仮面をかぶったようになっていきます。

中川　ひとりひとりが粒立っていながら関係性も持っ

R51
4-3
L
EAST
WEST

「中央ラインハウス小金井」L棟

ているという状態ですね。いま、北山さんがY-GSAの校長をされていた際に、「まずは挨拶をすることから」とお話しされ、ふるまいを通じてコモンという集まりを教えていたことを思い出しました。コミュニティ・スケールと空間のスケールを、北山さんはどう結び付けていらっしゃいますか。

北山　人がボディランゲージで、目で見てその様子がわかる距離感は100メートルぐらいといわれています。サッカーのゴールの距離も100メートルです。日本の条里制の単位は一町60間で、109メートルです。およそ100メート単位でひとつの区画をつくっていくというのは、原理的にも無理がなく、その理由はわからないけれど、相手が認識できる距離感からきているのではないでしょうか。人間という種族に5メートルの身長の人はいないように、そういう動物の持つ空間の大きさがあるのだと思います。

中川　なるほど、動物の持つ空間の大きさは、人間そのもののサイズが大きく変わらないかぎり不変だから、時代を超えて、生態として重要だということですね。コミュニティ・スケールから都市を考えることは、時代を超える強さ、原理を持つことにつながる一方で、これから変わるべきものもあるのではないでしょうか。

北山　人間は自由であるのが前提にあるので、ムラといっても、閉鎖されているシステムとしての村はもうあり得ません。選択性が高く、だけど共同性のあるコミュニティを持っているような状態、それが人間の安定をつくっていくと考えます。

現代都市は20世紀につくられた社会システムですが、20世紀初頭の都市社会学という学問領域では、コミュニティから切断された個人が都市の中で生活していくと、ストレスを抱える人が増えていくことが指摘されています。離婚率が上がり、少子化していくのです。日本はまさにその状態で、都市化していけばいくほど、不安定な状態をつくってしまうのです。

その社会システムを次のところに持っていかなければなりません。それが非都市なのか。人間の関係性や集合のさせ方が変わってくるような都市になると思っています。いま人々はコロナ禍の下、テレワークを始めて、満員電車での長距離の移動を避け、居住空間に長く滞在するようになっています。そうすると、顔見知りと過ごす時間が増え、その関係性が強くなっていきます。やがては挨拶を交わすような、10人から20人ぐらいの顔見知りの人たちとの空間の中で生きていくようになるかもしれない。そこから新しい都市が生まれてくる。毎週のように線路の周りでは人身事故がありますが、「20世紀は、通勤途中で電車に飛び込んで自殺しちゃおうなんてことがあったんだって」と語れるような社会が、次にあればいいと思います。

建築家の職能も変わっていく

中川 いま農地でのプロジェクトが進行しているそうですね。

北山 「蒲郡園芸サポート施設」というもので、農地の中に、温室の施設など既存の農業資材や要素を使いながら、新しい物流センターをつくるというプロジェクトです。農業施設です。そこにあるエレメントをアッセンブルしながら、どう風景をつくるかに取り組んでいます。

中川 土地の産業のエレメントをアッセンブルしつつ、新しく風景をつくる。そのときに、先ほど批判されたようなシンボルマネジメントにとどまらないためには、何が肝心なのでしょうか。

北山 農業は産業で、産業である以上コストコントロールが厳しいのです。坪単価10万円くらいです。髙橋一平さんとの対談でも語りましたが、たくさんお金を使えばいろいろなことはできるでしょう。でも余分なお金を使わずに、限界点を探るなかで見えてくる、切実な材料の使い方や工法が見つかると、それが力を持ってくるのではないかと思います。

中川 限界の単価に切り込むための工法、つまり材料の使い方と組み立て方を見つけるのが、重要なのですね。

北山　中央ラインハウスでは、高架の下なので重機が入らないことと、コストを下げるために鋼材量を下げようと考え、小径のH形鋼を採用しているんです。柱をたくさん入れていくような状態にしています。ほかにもボルトの数が最小限になるようなジョイントにしています。つくり方の限界値を探っていくことで、新しい形式をつくりたいと思っているんです。その際、工事の現場でわれわれの意図を理解してくれると、コストは必ず落ちてきます。建築プロジェクトは腕力でつくらざるを得ないことも多いので、ときには現場で喧嘩しながら進めています。

中川　髙橋さんとの対談で語られた、コロナという裂け目で見えてくることがあるというお話は興味深いものでした。生活も、生活の場のとらえ方も変化が求められています。

北山　実際に、僕の事務所でさえ、かつては朝10時に全員出社していたのに、いまではテレワークが普通になり、みんな週に数日しか来ません。事務所という空間を持つ必要性が変化しつつある。事務所よりも、その人たちの住まいのほうが重要で、HYPERMIXには共用スペースが広くあるため、あそこで仕事ができていた。ああいう余剰がある空間は、大事になってくるとわかりました。

中川　家で仕事をし、生活をし、ときにインターネットを通じて商いまでして、家というひとつの空間がいろいろな使い方を許容しなければいけない。これまでは機能ごとに空間が与えられていましたが、その場合、機能が変わった途端に空間の価値がなくなってしまいます。そうではなくて、実はなんにでも使える空間のほうが豊かだと考えるときに、近代ではユニバーサルスペースという、どう使ってもいいし、どんな土地に置いてもいいという概念がありました。しかしこれからは、違う意味を解釈できる空間を可変的に使う豊かさが大きな意味を持つのかもしれません。可変性を持ちながら、その場にいる人間自体が発見しながら使っていける空間として、北山さんはブリコラージュという言葉をよく使われています。

「蒲郡園芸サポート施設」2020年

農業関連の生産施設なので、余分な予算はない。既存農場にある農業工作物と近くに所有する流通施設の構築物を再利用する。まだ何かの役に立つ持ち合わせの構築物・工作物を再利用や転用している

北山　ブリコラージュは主体が多重になるという感じですね。誰かが意図したものとは違う、自由に改変に参加できる状態をつくっていくということ。中川さんの建築もそうですね。「桃山ハウス」では、塀という既存のインフラと、自ら設定したルーフを支える柱があり、人格が多層になっていて、第三者的な存在を最初に設定しておくことで複数の時間が空間内に持ち込まれているのを感じました。

中川　桃山ハウスは山を切り崩した古い造成地の住宅で、時間が多重に積み重なって風景ができていたので、土地の風景と連続した建築をつくろうとしたときに、新しいものをいまの時代だけでつくろうとするのは無理がある。そこで、どうやって時間を重ねるつくり方ができるかを考えました。仕上げ材やエレメントに関しても、ひとつのものに統一するのではなく、いろいろなものが混ざって、たまたま雑多にあるような状態のほうが敷地には合っている。言わば、敷地をブリコラージュしていくようなつくり方でした。

北山　それが切実にブリコラージュのようにできると、本当に力を持つと思うのです。その方法はまだわからないけれど、ひょっとすると設計は建築家という個人が屹立するつくり方ではなく、多重な人たちが共同体としてつくっていくような、複数の人でやるような状態のほうがよいのかもしれません。

中川　ブリコラージュに対する建築家の態度として、ブリコラージュのきっかけをあらかじめ空間のつくり方として用意する人もいれば、リノベーションして使い方を用意する人もいる。北山さんは前者だと思いますが、時間の多重性に対する意識が問われそうです。

北山　そこに時間的なエンドはないのです。重ねていけるわけだから。作品としてどこでストップさせるかは難しい状態になるので、これからは建築の作品性みたいなものも変わってくるかもしれません。建築の作品性として記名される空間や建築物という物質ではなくなるかも。そうすると建築家という職能もそれに応じて変わらざるを得ないし、それを社会が要求しています。

　ところが大学では、いまだに新奇なカタチをつくることを一生懸命教えているような教育があいかわらず続いています。そうではなく、枠組みを乗り越えていく、思考のトレーニングが重要なのです。

　いま枠組みが変わりつつあるけれど、それを感じるのは生きてきた時間が長い年寄りで、20歳ぐらいの人だとまだ裂け目を経験していないから、わからないのです。そのまま乗っていればいいと思っていたら、足下が割れてしまうような状態になっています。でもこの社会の枠組みのなかから新しい建築が生まれそうな気がしています。

　僕は、知識を伝授するだけの古典的な教育ではなく、多様な価値観と多様性を同時に教えていく、ある種の運動体のようにしないと学生は育っていかないと考え、Y-GSAで実践しました。ある先生のもとで、先生の何かを教わるのではなくて、多様性のなかに投げ込む。何が正しいかわからない状態にすることが建築家教育として大事なのです。

中川　私も経験したY-GSAの設計助手は、他のスタジオの異なる意見や批評も聞きながら、自分自身の立ち位置を問われる機会がたくさんあり、鍛えられたし教育されました。Y-GSAの設計助手出身の建築家が多い理由のひとつだと思います。

北山　4人いる教員と一番密接に付き合いながら、論争や闘争をヒシヒシと感じている状態ですからね。しかし、最近の学生は論争しないし、厳しくクリティークされることに耐えられない。教員同士が論争し闘う場所がクリティークで、その多様性を見せることが学生に対して最良の教育なのだけれども、難しいですね。

中川　Y-GSAはまれな例で、多くの大学では論争することがそもそも少ない。教育とは批評的な場であるということを知る機会や経験するチャンスが少ないのかもしれません。

北山　そういう状態では学生はかわいそうです。空間を共有し、先生が違う価値観を見せていく場所こそが

「桃山ハウス」2016年
建築設計：中川エリカ建築設計事務所

ゲストハウス兼2拠点居住用の住宅。敷地は大きな山を切り拓いた歴史ある造成地で、高さの異なる擁壁とブロック塀が道路境界のカーブに沿って建っていた。既存の塀や庭のエレメントなどを含めて建築の材料とみなし、周辺環境のコンテクストを、細部の成り立ちのために活用することで、庭のような開放感を実現した

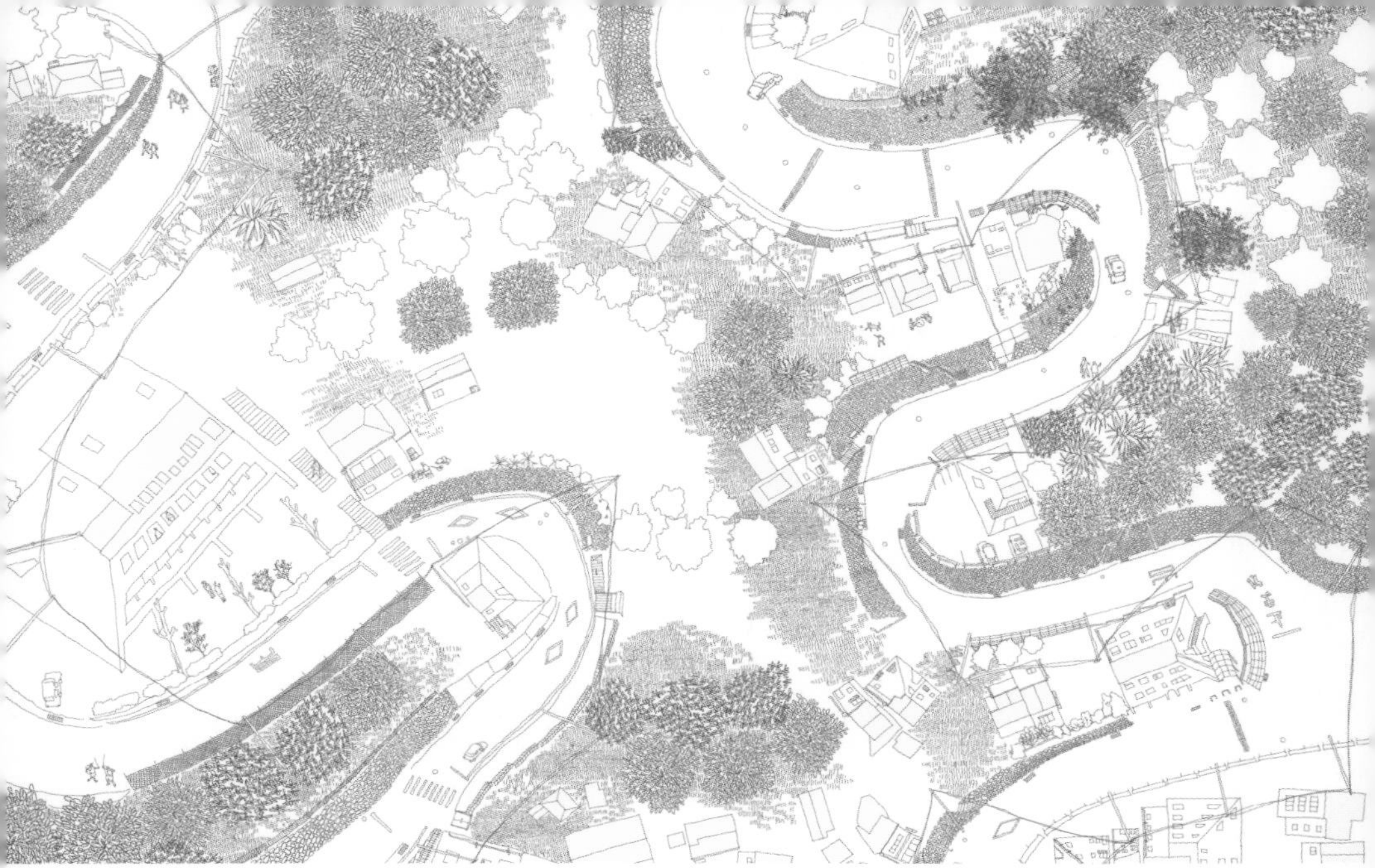
「桃山ハウス」街のコンテクスト図

教育として重要なんです。日本はいま新しい社会に飛び込みつつあるので、異なる概念が引きちぎられながら同時に存在しています。そのなかで学生たちは迷える羊です。社会の階層化が進行し、建築の存在理由が多様化しています。新奇なオブジェクトを求める事業者がいるのと同時に、保守的な空間に戻ろうとする集団もいます。モダニズムは絶対に前進するものなのですが、後ろに向かうことが正しい場面もあります。でもそれはノスタルジーではなく、近代が壊したものをもう一回つくろい、再生していくという動きであり、そのプロセスこそが新しいものではないかと思い始めています。

未来に向かう解答は多様に存在します。まずは近代が破壊したものをもう一回拾っていくような作業が求められているのではないか、といま思っているのです。

あとがき

コモンズの再生

サレジオ会の宣教師たちは、ボロロ族を改宗させるのに最も確かな遣り方は、彼らの集落を放棄させ、家が真っ直ぐ平行に並んでいるような別の集落にすることにある、ということを直ぐに理解した。

（レヴィ＝ストロース『悲しき熱帯』川田順造訳、中央公論新社）

ムラと都市

この文章を読んで「ムラと都市」という概念が理解できたように思えた。それは、アマゾン上流で自然と同一して生きていく生活様式、それを支える環状集落の構造と、アマゾン奥地に設営されたキリスト教布教のための生活を強制する植民都市という構造の対比である。環状集落は全員が顔見知りの１００人余りの住人で構成される生活様式の図式であり、植民都市とは１０００人を超える互いに見知らぬ人々を収容する平行配置の空間図式である。このグリッド状に配列された空間図式によって集団は個に分解され、キリスト教というヨーロッパ文明に教化されるのだ。それは17世紀、南米アマゾンの奥地で行われた宣教のための植民都市の構図であるが、産業革命以降の19世紀、西ヨーロッパに起きた都市化の時代も同じように農村集落から都市へ人の移動が行われた。地縁社会に生きた人が見知らぬ人の集まりである都市空間に移り住み都市労働者となる。産業社会が効率よく作動するようにデザインされた都市空間に収容されることによって、人々はその産業社会が要求する日常に教化されるのだ。このアーバニズムと呼ばれる現象は、個人が集落というコモンズから都市へ生活空間を移動することで経験するものである。

自然からの離陸と自然への着陸

2016年、法政大学に赴任して「江戸東京研究センター」設立に参加した。プレ近代としての江戸、そして明治維新後の東京という都市を連続的に研究することで、ヨーロッパ文明を相対化した都市研究が行える。そこでは、西ヨーロッパで始まった都市が拡張拡大する思想を持ったモダニズムという建築運動を反転するような、新しい建築や都市の論理をつくりたいと考えていた。私が学んできた建築・都市の論理はほとんどすべてヨーロッパのものであるが、これから始まる新たな都市の研究はポスト産業社会を迎えた日本から未来の都市論理がつくれるのだ。私たちは産業革命以降の近代化によってつくられた文明の変異のなかを生きている。その象徴的な現象が「現代都市」なのだ。広井良典はそれを「自然からの離陸」という言葉で説明しているが、これからはそれを「着陸」させることになるのだとする。この「自然への着陸」とは、個人が経済活動の都市空間から集落のような生活空間に移動することで生まれる。その契機がコロナ禍で経験した新しい働き方ではないか。

風土という自然が表現するコモンズ

2020年度は、授業がオンラインとなりテレワークがあたりまえになった。この事態にパリでは15 minutes cityという身近な生活圏の構想が提案されたが、大学の都市デザインスタジオでは東京の23区にある1771の商店街を抱き込む生活圏を構想することにした。このスタジオでの試算であるが、23区内の商店街の総延長は約640キロメートルあって、商店街の道路を廃道にして歩行者モールとすれば皇居の面積の1・5倍の広さの歩行者空間が生まれる。商店街は日常の買い回りなので商店街を中心とする生活圏が存在している。その商圏を500メートルとすると東京23区の全域をほぼカバーする。東京に住む人は誰もいずれかの商店街に帰属しているという感覚を持っているのではないかと思う。毎日都心への往復運動をするという日常が終焉し、近隣で働き生活するという日常があたりまえになるとき、商店街にはその生活を受け入れる空間が用意されるだろう。かつてW・ベンヤミンがパッサージュ(パリのガラス屋根付き商店街)を「ユートピア共同体の推進力である」としたように、商店街は東京という都市においてコモンズ再生の推進力となるかもしれない。

日本という地域社会にあるコモンズは、風土という自然に接続する概念を持つが、あたりまえの日常に裂け目が生まれるとき、人々はコモンズの再生を求めるのではないか。そのとき、私たちの都市はムラに近似するのだと考えている。

謝辞

本書は、私のなかで永く継続していた「ムラと都市」に関する思考の経緯をまとめることになった。最後に、さまざまな気付きを下さった陣内秀信さん、論考のきっかけとなったボリビアでアマゾン奥地の植民都市を案内してくれた北山恭子さんとJuan Bustillosさん、対談を快く引き受けてくれた建築家の髙橋一平さんと中川エリカさん、本書の企画を受けていただいた彰国社の神中智子さん、ブックデザインをしていただいた山野英之さんとスタッフの蔭山大輔さん、編集支援をしてくださった石黒知子さん、対談を撮影していただいた吉次史成さんほか、ご協力をいただいた皆さん、そして本書を読んでくださった皆さんに感謝したい。未来は共感から始まる。

2021年1月

北山恒

初出一覧　＊初出時の内容を見直し、加筆・修正のうえ掲載した。

はじめに　未来都市はムラに近似する
「未来都市はムラに近似する」真壁智治企画・監修『雨のみちデザイン：驟雨異論』ウェブサイト、2020年7月

II　都市の中のムラ

1　新たな居住都市のイメージ
「都市東京の近未来」陣内秀信・高村雅彦編『建築史への挑戦——住居から都市、そしてテリトーリオへ』鹿島出版会、2019年

2　建築の諸問題の所在
「脱近代あるいは非都市」2019年度日本建築学会大会（北陸）「建築論の問題群」PD資料、日本建築学会建築論・建築意匠小委員会、2019年

3　都市デザインの作法
「横浜都市デザインの作法」『都市美』名古屋造形大、2020年2月（予定）

4　都市の中のムラ
「都市のすきまから考える」槇文彦・真壁智治編著『アナザーユートピア——「オープンスペース」から都市を考える』NTT出版、2019年

写真・図版クレジット

阿野太一……49・50下・58・85・151上
北山恒……20・24・28・107右・112・表紙
栗生はるか……12
髙橋一平……59上右・59下
髙橋一平建築事務所……59上左・60
寺田真理子……93左
鳥村鋼一……154
中川エリカ建築設計事務所……155
古舘克明……27上
法政大学大学院 DS9Y……87
諸麦美紀……27下
吉次史成……42〜44・46〜48・51〜55・62〜71・126〜131・134〜139・142〜147
AndreaSarti/CAST1466……81
architecture WORKSHOP……45・50上・58上・78・86・93右・132・133・140・151下
E. Kuhne and Hans Roth……30
Thirteen-fri……107左
YUKAI……121・123

北山 恒　Koh Kitayama

1950年生まれ。横浜国立大学大学院修士課程修了。1978年ワークショップ設立（共同主宰）、1995年architecture WORKSHOP設立主宰。横浜国立大学大学院Y-GSA教授を経て、2016年法政大学建築学科教授。横浜市都心臨海部・インナーハーバー整備構想や、横浜駅周辺地区大改造計画に参画。第12回ヴェネチア・ビエンナーレ国際建築展コミッショナー（2010年）。代表作に「洗足の連結住棟」「祐天寺の連結住棟」「公立刈田綜合病院（共同設計）」「HYPERMIX」など。受賞歴に、日本建築学会賞、ARCASIA建築賞ゴールドメダル、日本建築学会作品選奨、日本建築家協会賞など。主な著書に『ON THE SITUATION』（TOTO出版）、『TOKYO METABOLIZING』（TOTO出版）、『in-between』（ADP）、『都市のエージェントはだれなのか』（TOTO出版）、『モダニズムの臨界』（NTT出版）など。

編集協力＝石黒知子、関康子

未来都市はムラに近似する

2021年3月10日　第1版発　行

著作権者との協定により検印省略

著　者　北　山　恒
発行者　下　出　雅　徳
発行所　株式会社　**彰　国　社**

162-0067　東京都新宿区富久町8-21
電話　03-3359-3231(大代表)
振替口座　00160-2-173401

自然科学書協会会員
工学書協会会員

Printed in Japan

印刷：真興社　製本：中尾製本

ISBN 978-4-395-32164-3　C3052　http://www.shokokusha.co.jp